이것이 리테일 미디어다

이것이 리테일 미디어다

초판 1쇄 인쇄 2025년 06월 20일
1쇄 발행 2025년 06월 30일

지은이 김준태
대표·총괄기획 우세웅

책임편집 한홍
콘텐츠제작 김세경
북디자인 박정호

종이 페이퍼프라이스㈜
인쇄 ㈜다온피앤피

펴낸곳 슬로디미디어
출판등록 2017년 6월 13일 제25100-2017-000035호
주소 경기 고양시 덕양구 청초로 66, 덕은리버워크 A동 15층 18호
전화 02)493-7780 **팩스** 0303)3442-7780
홈페이지 slodymedia.modoo.at **이메일** wsw2525@gmail.com

ISBN 979-11-6785-267-0 (03320)

글 ⓒ 김준태, 2025

※ 이 책은 저작권법에 의하여 보호받는 저작물이므로 무단 전재와 무단 복제를 금합니다.
※ 이 책을 사용할 경우 반드시 저작권자와 슬로디미디어의 서면 동의를 받아야 합니다.
※ 잘못된 책은 구입하신 서점에서 교환해 드립니다.
※ 본서에 인용된 모든 글과 이미지는 독자들에게 해당 내용을 효과적으로 전달하기 위해 출처를 밝혀 제한적으로 사용하였습니다.

※ 슬로디미디어는 여러분의 소중한 원고를 기다리고 있습니다.
wsw2525@gmail.com 메일로 개요와 취지, 연락처를 보내주세요.

이것이 리테일 미디어다

김준태 지음

RETAIL MEDIA

슬로디미디어

추천사

리테일 미디어의 개념을 광고라는 말로 쉽게 설명하면서도, 실제 커머스 플랫폼이 광고를 통해 어떻게 수익을 만들고, 브랜드와 소비자를 연결하며, 생태계를 구축하는지 실무자의 시선에서 풀어낸다. 특히 국내 플랫폼 중심의 사례와 분석은 지금 한국 시장에서 어떤 전략이 유효한지 탁월하게 알려준다.

― 노철용, ㈜삼성디스플레이 중소형디스플레이사업부 중소형 ME팀 파트장

모빌리티는 단순한 이동에서, 고객의 '의도'와 '맥락'을 담는 플랫폼으로 진화하고 있습니다. 고객의 흐름 속에서 구매 전환을 설계하고, 데이터 기반으로 수익을 창출하는 구조는 리테일 미디어와 맞닿아 있습니다. 이 책은 유통 영역을 넘어 모든 플랫폼 비즈니스에 적용 가능한 인사이트를 제공합니다.

― 최영도, 티맵모빌리티㈜ Value Growth 매니저

이 책은 리테일 미디어의 기본 구조부터 시작해, 데이터를 활용한 타깃팅, 플랫폼 간 전략 차이, 브랜드 관점에서의 KPI 설정 등 실제 우리가 매일 고민하는 문제에 대한 현실적인 가이드를 제시해준다. 마치 선배가 옆에서 조곤조곤 실무 꿀팁을 알려주는 느낌이다. 마케터라면 무조건 읽고 밑줄 쫙쫙 그어가며 곱씹을 내용이 가득하다.

― 이동섭, 11번가 대형제휴팀 매니저

온라인 쇼핑을 할 때마다 왜 내가 사고 싶은 제품이 정확히 뜨는지, 왜 '찜'만 해도 계속 추천되는지 궁금했다. 이 책은 소비자의 행동 이면에서 벌어지는 광고의

세계를 쉽고 흥미롭게 풀어준다. 쿠팡, 네이버, SSG.COM 같은 우리가 매일 쓰는 플랫폼이 어떻게 우리의 데이터를 활용하고 어떤 전략으로 상품을 노출시키는지를 알면, 소비자로서 더 똑똑해지는 느낌마저 든다. 마치 플랫폼 안에서 벌어지는 광고의 숨은 이야기를 엿본 듯한 기분이다. 쇼핑을 좋아하거나 커머스의 흐름에 관심이 있다면 강력히 추천한다.

- 정성목, ㈜제너시스비비큐 미래성장전략실 경영관리팀장

아마존, 월마트, 타겟 등 글로벌 커머스 기업들은 이미 리테일 미디어 네트워크를 '제2의 비즈니스 엔진'으로 삼고 있다. 그러나 국내에는 이에 대한 실무형 가이드가 드물었다. 이 책은 한국 시장의 현실을 반영하면서도 글로벌 흐름과의 연결 지점을 날카롭게 짚는다. 단순 소개가 아니라, 왜 지금 리테일 미디어에 주목해야 하는지 데이터와 사례를 통해 명확히 전달한다.

- 안성훈, ㈜롯데글로벌로지스 TLS본부 TLS영업1팀 수석

리테일 미디어는 단순한 광고 비즈니스가 아니라, 플랫폼 전반의 수익 구조와 사용자 경험을 설계하는 핵심 도구다. 이 책은 단순히 광고 슬롯 몇 개를 운영하는 수준이 아니라, 어떤 데이터 인프라와 알고리즘이 필요한지 상세하게 풀어낸다. 특히 커머스 플랫폼의 광고 상품화와 리테일 플랫폼의 수익화 전략을 짜는 리더들이 새로운 패러다임을 고민할 수 있는 책이다.

- 최동휘, ㈜놀유니버스 마케팅전략실장

프롤로그

물건을 팔던 유통이
광고를 팔기 시작했다

광고는 늘 고객의 시선을 쫓는다. TV 광고뿐 아니라 지하철이나 영화관처럼 사람들이 많이 모이는 공간은 언제나 광고로 채워진다. 그러나 광고가 정말 효과가 있는지, 누가 그것을 보고 어떤 행동을 했는지 파악하기가 쉽지 않다. 막대한 예산을 들이고도 '노출 수'나 '인지도 조사' 같은 추정치로 성과를 측정하면, 고객과의 거리가 얼마나 먼지 가늠할 수 없다.

그런데 이제는 그 거리가 완전히 사라졌다. 고객이 광고를 보고 바로 클릭하고 바로 구매하며 다음 구매까지 유도되는 모든 여정이 하나의 플랫폼에서 이뤄진다. 검색 결과에 광고가 섞여 있고, 장바구니 옆에 배너가 있으며, 결제 직후 또 다른 추천이 등장하는 식이다. 광고는 더 이상 외부에서 소비자를 '끌어오는' 수단이 아니다.

유통 플랫폼 안에서 고객의 흐름을 따라가는 형태로 변모하면서, 유통은 곧 광고이고 광고는 곧 구매가 되었다. 리테일이 광고의 무대가 되었고, 광고는 유통 플랫폼에서 구매 전환을 완결짓는다. 이 변화의 흐름을 '리테일 미디어(Retail Media)'라 부른다.

미국의 아마존은 더 이상 유통회사만이 아니다. 고객이 제품을 검색해서 클릭하고 상세 페이지에서 연관 제품을 보며 구매 버튼을 누르는 그 모든 순간에, 실제로는 광고가 작동한다. 아마존은 광고 사업만으로 2022년 370억 달러 이상의 매출을 올리며 세계 최대 미디어 기업의 반열에 올랐다. 구글이나 메타와 같은 전통적인 디지털 광고 플랫폼과 어깨를 나란히 할 뿐 아니라, 구매에 가장 가까운 지점에서 광고가 작동하니 광고주도 더욱 주목하고 있다.

이 흐름은 한국에서도 예외가 아니다. 쿠팡은 연간 1조 원에 달하는 광고 매출을 기록하며, AI 기반 키워드 입찰 시스템과 자동화된 추천 광고 상품을 통해 광고주의 구매 전환 효율을 끌어올리고 있다. SSG.COM은 고객 여정을 분석해서 구매 가능성이 높은 시점에 상품을 자동 노출하는 AI 추천 광고를 운영하고 있으며, 광고주에게 평균 2,000% 이상의 광고비 대비 매출(Return On Ads Spending, ROAS)을 제공하고 있다. 매출 구조의 다변화는 물론이고, 브랜드와 소비자 간의 접점을 정교하게 조율할 수 있는 광고 플랫폼으로서 자리매김한 것이다.

흥미롭게도, 오프라인 유통사들도 이 흐름에 본격적으로 뛰어들고 있다. 고객이 제품을 고르는 동선에 따라 노출되는 POS 디지털 디스플레이, 뷰티 브랜드와 협업한 앱 기반 영상 콘텐츠, CJ ONE 멤버십 기반의 타깃 프로모션은 올리브영을 단순한 H&B(헬스 앤 뷰티) 매장이 아닌, 뷰티 미디어 플랫폼으로 바꿨다. 롯데그룹은 4천만 명의 소비 이력을 보유한 엘포인트(L.POINT) 데이터를 중심으로 롯데ON, 롯데백화점, 롯데마트, 롯데홈쇼핑 등 유통 전 채널을 통합한 미디어 네트워크를 구축했다. 유통 자산 전체가 하나의 미디어로 연결되며, '그룹 전체가 하나의 리테일 미디어'가 되는 전략적 구매 전환이 현실화되고 있다.

그렇다면 언제부터 유통이 광고가 되었을까? 그 시작점을 특정하긴 어렵지만, 2012년 아마존이 광고 매출을 별도로 공시하기 시작한 것을 기점으로 리테일 미디어라는 개념이 실체를 갖기 시작했다. 아마존은 불과 몇 년 만에 구글, 메타에 이어 미국 디지털 광고 시장에서 3위를 차지했다. 그러면서 쇼핑이라는 유통의 행위가 구매 전환에 가장 가까운 광고 플랫폼으로 탈바꿈했고, 국내에서도 그 흐름은 이어지고 있다. SSG.COM, 쿠팡, 네이버 등 커머스 플랫폼을 기반으로 리테일 미디어 비즈니스를 본격화하며 유통의 광고화가 현실이 되기 시작했다. 오프라인 유통사들도 이 흐름에 합류하면서, 이제는 '유통 전체가 광고 플랫폼'인 시대가 되었다.

이 책에서는 이러한 변화의 최전선, 리테일 미디어 비즈니스의 현재와 미래를 정리하고자 한다. 왜 유통이 광고를 품게 됐는지, 광고는 어떻게 구매를 만들어내는지, 데이터는 어떻게 광고를 정밀하게 만들고, 기술은 어떻게 구매 전환을 자동화하는지 쉽고도 차근차근하게 풀어가고자 한다. 국내외 주요 기업들의 실제 사례는 물론, 실무자의 관점에서 이해할 수 있는 구조와 전략을 담았다. 리테일 미디어를 바라보는 브랜드, 광고주, 플랫폼 운영자, 마케터에게 실질적인 인사이트를 제공하기를 바란다.

리테일 미디어는 광고의 또 다른 이름이 아니다. 이커머스, 오프라인 유통, 콘텐츠, 고객 데이터, 머신러닝 기술 등 모든 것이 복합적으로 얽혀 만들어진 새로운 생태계다. 전통 광고가 매체의 힘에 기댔다면, 리테일 미디어는 플랫폼과 고객의 흐름에 스며들어 존재한다. 이 흐름을 이해하는 자만이 더 효과적으로 제품을 알리고, 브랜드를 성장시키고, 시장에서 이길 수 있다.

유통은 더 이상 상품만을 팔지 않는다. 고객의 주목을 모으고, 그 주목을 수익으로 전환하며, 브랜드와 소비자를 연결하는 미디어다. 유통의 미래를 이야기하기보다는 미디어의 미래를 다시 써야 할 때다.

김준태

차례

추천사 :: 6

프롤로그_물건을 팔던 유통이 광고를 팔기 시작했다 :: 8

Part 1
유통은 어떻게 광고가 되었는가

1. 유통이 광고로 변한 이유 :: 19

유통은 왜 광고판이 되었을까? :: 20

광고비는 왜 방송과 언론이 아닌 유통으로 쏠리는가? :: 27

리테일 미디어가 작동하는 방식 :: 30

유통은 어떻게 미디어가 되었는가? :: 34

2. 세계는 지금 광고 플랫폼 전쟁 중 :: 38

유통기업, 이제는 미디어기업이다? :: 39

광고가 돈이 되는 이유는 숫자보다 확신이다 :: 41

광고의 성패는 '구매 전환율'이 아니라 '맥락'에서 갈린다 :: 43

디지털 광고 시장에서 리테일 미디어가 차지하는 위상 :: 44

리테일 미디어는 더 이상 트렌드가 아니다 :: 45

3. 한국형 리테일 미디어, 지금 어디쯤 와 있나 :: 48

유통사의 광고 전환, 누가 더 빨랐나? :: 49

데이터가 먼저 반응한다고? :: 51

오프라인 유통사의 대응과 구매 전환 전략 :: 53

국내 시장의 구조적 기회와 리스크 :: 54

앞으로의 성장 가능성과 전략적 포인트 :: 56

Part 2
리테일 미디어, 한국에서는 이렇게 진화했다

1. 추천을 넘어 매출을 설계하는 광고 :: 61

광고는 '추천'에서 진화했다 :: 62

매출 연계형 광고 상품, 알고리즘이 움직인다 :: 63

광고주가 쉽게 들어오고, 쉽게 성장하는 구조 :: 65

숫자가 보여주는 광고 효과 :: 67

추천 광고, 단순 자동화를 넘어선 전략 도구 :: 68

2. 검색에 강한 쿠팡, 광고로도 성공한 이유 :: 70

온라인 플랫폼을 삼킨 광고 :: 71

검색에 강한 쿠팡, 광고에 더 강하다 :: 72

셀러가 주도하는 광고 생태계 :: 74

쿠팡 광고의 실적, 수치가 말한다 :: 76

쿠팡 광고 모델의 경쟁력은 '자기 완결형 구조' :: 81

모두에게 매력적인 쿠팡의 추천 광고 :: 82

3. 포털에서 커머스로, 네이버식 광고의 진화 :: 85

검색 포털에서 커머스 미디어로 확장된 네이버 :: 86

구매 여정에 밀착된 광고 모델 :: 87

네이버 쇼핑 생태계의 광고 구조화 :: 92

광고주 중심의 고도화된 시스템 :: 95

이커머스 광고 전략의 실험실 :: 95

4. 오프라인 유통 3사, 이제는 광고 플랫폼이다 :: 99

오프라인 미디어화는 통합에서 출발한다 :: 100

신세계그룹, 모든 공간이 광고가 된다 :: 101

롯데유통군, 유통의 모든 접점이 광고로 연결된다 :: 108

현대백화점그룹, 콘텐츠 기반 커머스와 프리미엄 광고 공간 설계 :: 113

자사 플랫폼을 가진 자, 광고를 지배한다 :: 114

5. 체험 공간이 광고가 되는 시대 :: 117

체험 공간이 곧 미디어 :: 118

멤버십과 데이터 기반의 타깃형 광고 :: 119

뷰티 콘텐츠 기반한 미디어 전략 :: 120

올리브영 리테일 미디어의 구조적 특징 :: 124

체험형 리테일의 광고 :: 126

Part 3
광고를 움직이는 기술, 데이터를 말하다

1. 내 데이터로 광고를 설계하는 시대 :: 131

광고를 움직이는 힘은 무엇일까? :: 132

쿠키 없는 세상, 리테일 미디어는 어떻게 기회를 잡을까? :: 134

퍼스트파티 데이터는 어떻게 써야 효과적일까? :: 137

왜 퍼스트파티 광고가 더 강력할까? :: 140

데이터가 광고를 이끌고, 광고가 플랫폼을 움직인다 :: 142

2. 광고가 '알아서' 움직이는 기술 :: 145

왜 추천 알고리즘이 전환을 이끌까? :: 146

AI 추천 시스템의 작동 구조 :: 148

전환 가능성, 어떻게 예측할 수 있을까? :: 152

추천 알고리즘을 활용한 대표 사례 :: 154

추천은 기술이 아니라 전략이다 :: 158

3. 광고 효율성과 측정 기술 :: 161

리테일 미디어의 신뢰는 '성과 측정'에서 시작된다 :: 162

성과 지표는 어떻게 설계되어 있을까? :: 164

실시간 리포트는 왜 중요한가? :: 166

정교한 측정이 곧 전략이 된다 :: 166

리테일 미디어는 수치로 말한다 :: 168

Part 4
광고인가 전략인가, 리테일 미디어의 진짜 역할

1. 성공하는 리테일 미디어는 공통점이 있다 :: 173

성공하는 리테일 미디어는 어떤 구조를 가질까? :: 174

리테일 미디어 성공, 무엇이 동시에 필요할까? :: 180

2. 브랜드, 유통, 광고주의 관점별 전략 :: 182

리테일 미디어는 '누가 보는가'에 따라 전략이 달라진다 :: 182

역할은 다르지만, 방향은 같다 :: 188

에필로그_왜 지금 리테일 미디어를 이야기하는가 :: 191

미주 :: 193

PART 1

유통은 어떻게 광고가 되었는가

처음엔 그저 '판매 공간'이었다. 상품을 진열하고, 구매를 유도하며, 물류를 연결하는 기능이 전부였다. 어느 순간부터 그 공간은 '주의(attention)'를 유통하는 공간으로 바뀌었다.[1] 사람들의 시선이 머무는 곳, 클릭이 발생하는 곳, 장바구니에 담긴 상품 옆에 광고가 따라붙기 시작[2]한 것이다. 이제 유통 플랫폼은 단지 '파는 곳'이 아니다. 광고 예산이 들어오고, 그 예산이 데이터를 타고 흐르며, 구매 전환을 계산해내는 공간이다.[3] 브랜드는 고객의 행동을 예측하며 광고비를 쓰고, 플랫폼은 그 흐름을 알고리즘으로 조정하며 수익을 만든다. 리테일 미디어는 그렇게 '광고 영역'이라기보다는 유통과 광고가 맞닿은 구조 전체의 재설계를 의미한다.

이 장에서는 그 구조가 어떻게 변했는지 들여다본다. 리테일 미디어는 왜 등장했는지, 기존 미디어와 무엇이 다른지, 전통적인 광고 시스템에서 어떤 틈을 발견했는지 먼저 짚어본다. 또한 미국과 중국을 중심으로 리테일 미디어가 어떻게 시장을 장악했는지, 그리고 한국의 유통기업은 어떤 방식으로 이 흐름에 반응하고 있는지도 함께 살펴볼 것이다. 우리는 지금 광고가 바뀌는 순간을 목격하고 있다. 이 장은 그 '변화의 구조'를 이해하는 첫 출발점이 될 것이다.

유통이 광고로 변한 이유

RETAIL MEDIA

유통과 광고의 경계가 무너지고 있다. 과거에는 광고는 콘텐츠 옆에, 유통은 결제의 끝에 위치했다. 그런데 지금은 모든 광고가 유통 안으로 들어왔고, 유통은 그 자체로 광고가 되었다. 이를 리테일 미디어라 한다.

리테일 미디어란, 상품 판매 및 전시 공간을 별도의 광고비를 받고 브랜드 또는 광고주에게 제공하는 광고 비즈니스를 의미하며, 온라인과 오프라인 매체를 통칭한다. 수익을 얻으려는 유통 플랫폼사와 효율적으로 광고비를 집행하길 원하는 브랜드 또는 광고주의 니즈를 모두 충족하는 광고 매체다.

리테일 미디어는 단순히 '공간을 빌려주는 광고'가 아니라, 고객의 여정 전체에 광고를 끌어들여 어디에서, 어떻게 구매 전환이 일어나게 할지 설계한다. 고객은 검색하고, 상품을 클릭하고, 장바구니에 담고, 결제를 완료한다. 이 모든 순간에 광고는 전략적으로 배치된다. '밖에서 끌어오는 광고'가 아니라, 여정에 함께 흐른다.

리테일 미디어는 이런 방식으로 노출의 개념을 넘어 구매 전환 중심의 수익 모델로 진화하고 있다. 이런 변화는 광고 상품이 추가된 것만이 아니다. 유통 플랫폼의 전체 수익 구조와 비즈니스 전략이 근본적으로 바뀌었다는 신호다.[4] 리테일 미디어는 유통과 광고의 융합이 아니라, 두 산업의 경계를 다시 긋고 플랫폼 중심의 비즈니스 모델로 전환한 것이다.[5]

유통은 왜 광고판이 되었을까?

리테일 미디어(Retail Media)라는 단어는 이제 업계에선 낯설지 않다. 많은 브랜드가 "우리도 리테일 미디어를 시작해야 할까?"라며 고민할 정도로 중요한 광고 채널로 자리 잡고 있다. 그러나 이 용어를 '쇼핑몰에 광고가 붙었다'는 의미로만 이해한다면, 이 변화를 절반도 읽지 못한 셈이다. 리테일 미디어는 유통 플랫폼 안에서 일어나는 모든 고객의 검색, 탐색, 클릭, 구매의 과정을 광고와의 접점으로 삼아 이를 수익화하는 구조다.[6] 배너 한 칸을 파는 데 그치는 게 아니라, 플랫폼 내의 고객 행동 흐름 전체에 광고를 녹여내는 것이다. 다시 말해, 새로운 광고 상품을 추가하는 데 머무르지 않고, 플랫폼의 본질을 '상품을 파는 것'에서 '광고로 수익을 설계하는 것'으로 바꾸는 전략이다. 이런 흐름이 가능한 이유는 광고가 소비자와 가까워졌기 때문이다.

기존의 광고는 고객과 멀리 있었다. TV 광고는 고객이 리모컨을 들고 있을 때만 작동했고, 지하철 스크린 광고는 승객이 바라볼 때만 의미가 있었다. 광고는 늘 "누가 볼까?"라는 기대를 기반으로 하는데, 그 반응은 언제나 추정에 불과했다. 그러나 지금의 소비자는 브랜드를 직접 찾아 플랫폼으로 들어간다. 상품을 검색하고, 옵션을 비교하고, 장바구니에 담고, 결제를 고민하는 모든 행동이 한 공간 안에서 실시간으로 발생한다.

이제 광고는 그 흐름에 녹아 있으며, 고객이 가장 집중하는 타이밍, 즉 '결정 직전'에 노출된다. 더 이상 광고가 고객을 찾지 않는다. 광고는 고객의 여정을 따라 흐른다. 바로 이 지점에서 유통은 광고판이 되었고, 광고는 더 이상 '판촉물'이 아니라 비즈니스 모델의 중심축이 되었다.

SSG.COM에 광고를 집행하던 C사의 커머스 마케터는 이렇게 이야기했다.

"이젠 검색 결과가 브랜드의 첫인상이 됐어요. 노출되지 않으면 존재하지 않는 거죠."

온라인		오프라인	
검색 광고	디스플레이 광고	디지털 광고	아날로그 광고
* 특정 키워드의 검색 결과 화면에 노출되는 광고 * 브랜드가 입찰을 통해 검색 키워드를 구매: 검색량 및 구매 전환율에 따라 검색어 입찰 단가가 달라짐.	* 특정 영역에 배너를 약정한 기간 동안 노출 * 유통 플랫폼이 단가를 지정함.	* 디지털 사이니지, 엘리베이터 광고, 스마트 쇼핑 카트 광고 등을 가리킴.	* 와이드 컬러, 기둥 및 매장 벽면 래핑, ISP, 카트 등 전통 매체를 가리킴.

리테일 미디어 비즈니스의 정의 및 광고 상품

전통 미디어와 달리, 리테일 미디어에서는 노출이 곧 광고다.

이러한 리테일 미디어 구조를 선도하여 구현한 사례가 바로 아마존이다. 아마존은 고객이 제품을 검색하는 순간부터 상세 페이지 탐색, 장바구니 담기, 결제 완료까지, 쇼핑의 모든 여정에 전략적으로 광고를 녹여낸다.

예를 들어 고객이 'radio'를 검색하면, 검색 결과 상단에는 'Sponsored'라고 표시된 광고 상품이 우선 노출된다. 이는 검색 키워드에 입찰된 광고만 보여주는 게 아니다. 아마존이 고객의 검색 이력, 관심사, 구매 패턴, 유사 고객 행동 데이터를 실시간으로 분석해 구매 전환 가능성이 가장 높은 상품을 알고리즘에 의해 선별한 결과다. 배너는 사라지고, 광고는 상품처럼 보이도록 설계되었다.

상세 페이지로 들어가면 '이 상품을 본 고객이 함께 본 제품', '함께 구매한 상품', '추천 카테고리' 등 콘텐츠와 광고의 경계가 흐릿해지는 노출 방식이 이어진다. 그리고 고객이 결제를 완료하자마자, '이 상품도 관심 있으실 수 있어요' 또는 '이 상품을 구매한 사람이 함께 구매한 상품이에요'라는 메시지와 함께 또 다른 연관 광고가 뜬다. 이렇듯, 광고는 고객의 선택을 앞질러 도착하고, 구매 이후에도 다음 행동을 유도하며 순환 구조를 만든다.

아마존의 리테일 미디어는 배너로 클릭을 유도하는 것이 아니다. 고객이 선택하는 것처럼 보이지만, 사실 고객은 아마존이 설계한 흐름에 따라 움직인다. 고객은 자기가 골랐다고 생각하지만, 실제로는

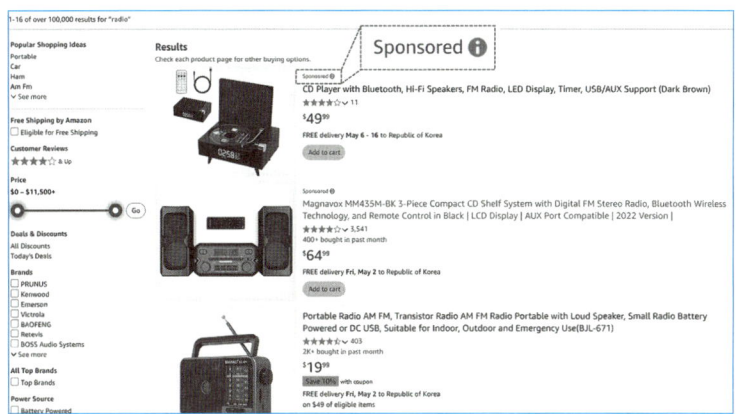

Amazon.com의 'radio' 검색 결과

* 이미지 출처: Amazon.com

광고가 유도한 여정을 따라 움직인 것이다.

"아마존에서 산 건데요, 솔직히 제가 고른 건 아닌 것 같아요. 그냥 계속 보다 보니 사게 된 거예요."

이게 바로 리테일 미디어다. 고객이 선택한 것 같지만, 이미 설계된 흐름을 따른 것이다.

이처럼 광고는 쇼핑 외부에서 고객을 '끌어오는' 도구가 아니라, 쇼핑 여정에서 고객의 시선을 따라 '함께 흐르는' 구조로 진화했다.

아마존은 리테일 미디어 구조만으로 2022년에만 약 370억 달러(약 50조 원)에 달하는 광고 매출을 올렸고, 구글과 메타의 뒤를 이어 세계 3위 디지털 광고 플랫폼으로 자리 잡았다. 이러한 성장세는 2023년에도 이어져, 광고 매출이 약 469억 달러로 늘었다. 2024년에는 3분기까지의 광고 매출이 전년 대비 19% 증가한 143억 달러를 기록했고, 연간 광고 매출은 500억 달러를 넘어선 것으로 보인다.

이런 광고 수익은 물류나 배송과 같은 유통 본업보다도 훨씬 높은 마진을 기록하고 있다.

국내에서도 이 구조는 빠르게 확산되고 있다. 쿠팡은 고객의 검색·탐색·결제 과정이 모두 연결된 자동화 광고 시스템을 운영하고

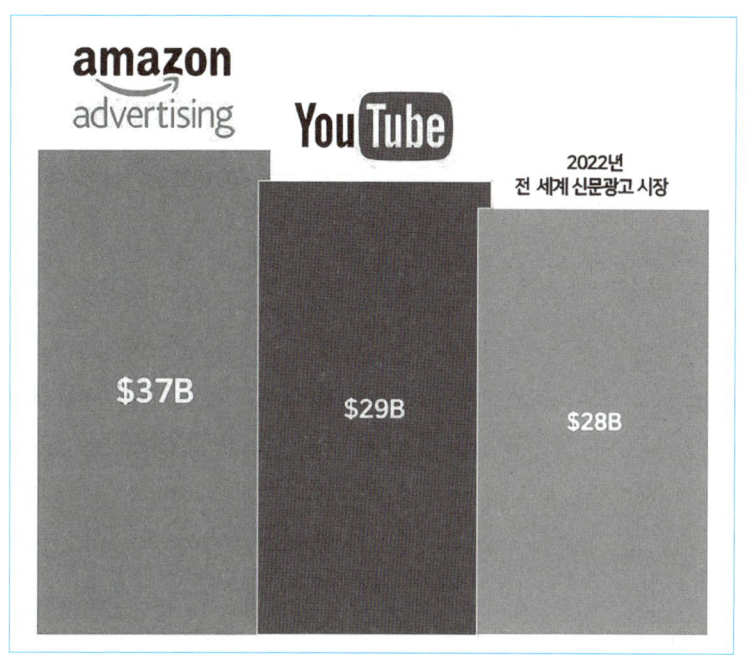

아마존의 성장세. 신문 광고 시장, 유튜브보다 높은 수준으로 성장했다.
* 이미지 출처: 티타임즈

있다. 셀러는 상품을 등록하면서 특정 키워드로 입찰할 수 있고, 고객이 해당 키워드를 검색하면 키워드 입찰가와 구매 전환율에 따라 광고가 노출된다. 이러한 검색 기반 광고 플랫폼은 유사 고객군 분석, 클릭률 추적, 구매 전환 데이터를 기반으로 실시간으로 최적화한 결과를 제공한다. 쿠팡의 광고 매출은 이미 연간 1조 원을 넘어섰고, 유통 플랫폼으로서의 수익 구조를 광고 중심으로 다변화하고 있다. 한편, SSG.COM은 AI 추천 광고 시스템을 운영하고 있다. 이 시스템은 고객의 장바구니 이력, 탐색 시간, 재방문 빈도 등을 분석해 구매 가능성이 높은 시점과 위치에 상품 광고를 자동으로 노출시킨다.

상품만 등록하면 플랫폼이 알아서 타깃팅, 노출, 성과 측정까지 일괄적으로 수행해주기 때문에, 광고주로서는 실무 면에서 느끼는 진입장벽도 낮고 성과를 숫자로 명확하게 측정할 수도 있다. 실제로 평균 ROAS 2,000% 이상을 기록할 정도로 성과 중심의 구조를 갖추고 있다.

네이버는 검색 광고 기술을 쇼핑 플랫폼과 결합해 데이터에 기반한 구매 전환 광고를 정교하게 설계했다. 검색 광고로 유입된 고객은 네이버페이로 결제하고, 그 이력은 데이터로 남으며, 이를 기반으로 시스템을 통해 개인화 광고에 활용된다. 쇼핑→결제→재타깃팅이라는 사이클이 네이버 플랫폼 내에서 폐쇄적으로 완결된다.

이처럼 지금의 광고는 단순히 유통에 포함된 요소가 아니다. 오히려 광고라는 흐름 안에 유통과 구매가 함께 녹아든 구조가 바로 리테일 미디어의 본질이다. 고객이 머무는 그곳이 광고 지면이 되고, 고객의 행동이 곧 타깃이 되며, 클릭이 발생하는 순간이 매출 전환의 기회가 된다. 이제 광고는 외부에서 유입을 끌어오는 수단이 아니라, 유통의 내부에서 고객과 함께 움직이는 전략 그 자체다.

광고비는 왜 방송과 언론이 아닌 유통으로 쏠리는가?

브랜드는 더 이상 '많은 사람에게 보이는 광고'에 만족하지 않는다. 구매 전환 가능성이 높은 고객에게, 구매 직전의 타이밍에, 플랫폼 안에서 광고가 노출되길 원한다. 이는 단순히 선택의 문제가 아니라, 광고 예산의 흐름 자체를 바꾸는 강력한 조정자로 작동한다. 한때 광고는 시청률 높은 방송 프로그램이나 대형 포털의 첫 화면에 실리는가가 성공의 척도였다. 하지만 이제는 '얼마나 많은 사람이 봤는가?'보다 '얼마나 많은 사람이 실제로 구매했는가?'가 중요한 지표가 되었다. 성과를 확인할 수 없는 노출보다는, 구매 전환이라는 명확한 목적지를 가진 트래픽에 더 많은 예산이 붙는다.

리테일 미디어는 바로 그 지점을 노린다. 고객의 구매 여정에서 광고가 작동한다는 점이 핵심이다. 고객은 검색하고, 탐색하고, 장바구니에 담고, 결제를 완료한다. 이 모든 과정이 하나의 플랫폼에서 이루어진다. 그 여정의 중간중간에 광고는 콘텐츠처럼 스며들어 행동을 유도한다. 광고 성과는 실시간으로 측정되며, 브랜드는 예산을 즉각적으로 조정할 수 있다. 그만큼 효율적이고, 성과 중심이다.

이런 구조는 브랜드로선 정밀하게 조준된 마케팅 무기가 되고, 유통 플랫폼으로선 매출 외 수익을 확보할 수 있는 확실한 파이프라인이 된다. 결국 광고비는 '도달'을 사는 대신 '전환'을 사는 시대로 이동하고 있다. 그리고 그 흐름의 종착지는 더 이상 방송도, 포털도 아닌, 리테일 플랫폼이다.

"TV 광고에서는 반응이 안 보여요. 근데 여긴 클릭이, 장바구니가, 구매가 전부 보이더라고요."

2023년, 한 대형 뷰티 브랜드는 SSG.COM에 광고비를 2배로 늘리기로 결정했다. 지속적으로 매출이 확대되는 것을 경험한 브랜드의 본부장이 "이건 투자라고"라는 한마디로 예산을 움직였다.

이러한 광고 예산의 흐름 변화는 실제 글로벌 브랜드들의 전략에서 명확히 드러난다.

P&G, 유니레버, 로레알과 같은 글로벌 FMCG(Fast-Moving Consumer Goods) 브랜드들은 전통적인 TV 광고나 포털 중심의 디스플레이 광고에서 벗어나, 아마존·월마트·타깃 등 리테일 플랫폼의 광고 집행 비중을 점차 확대하고 있다. 구매와 가장 가까운 지점에 광고를 배치할 수 있기 때문이다.

"리테일 미디어는 브랜드가 구매 전환에 가장 가까운 시점에 광고를 배치할 수 있는 몇 안 되는 미디어다. 우리는 더 이상 인지 중심의 미디어에 의존하지 않는다."

- 마크 프리처드(Marc Pritchard), P&G 최고브랜드관리자

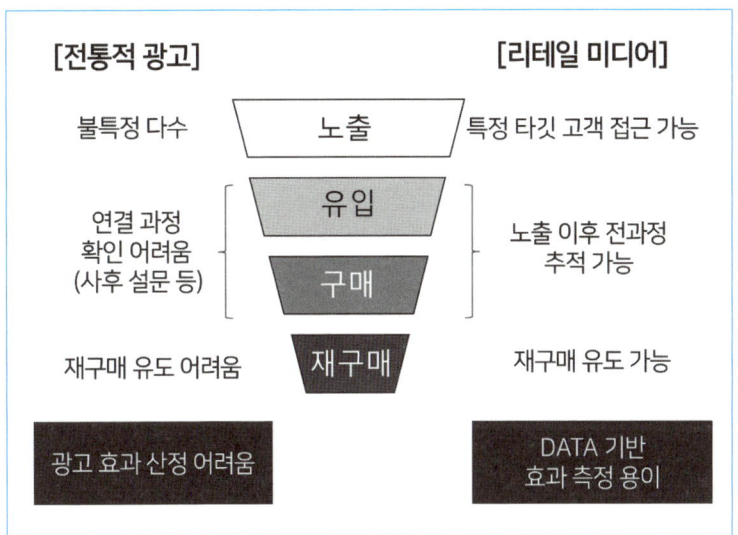

고객의 유입과 구매 과정

이러한 흐름은 국내에서도 뚜렷하게 관측된다. 쿠팡의 광고 매출이 연간 1조 원에 달하는 것은 광고주들이 네이버, 카카오 등 포털·SNS 중심의 광고 예산을 '커머스 플랫폼'으로 이동시키고 있음을 보여주는 명확한 신호다. 쿠팡의 광고 시스템은 고객의 검색, 장바구니, 결제 시점 데이터를 실시간으로 분석해 자동 타깃팅과 추천 광고를 수행한다. 광고주는 ROAS, 클릭률, 구매 전환율 같은 성과 지표를 실시간으로 확인하며 예산을 유연하게 조정할 수 있다. 성과가 보이는 광고, 반복 가능한 광고라는 두 요소가 신뢰를 구축하고, 그 신뢰가 광고비를 끌어당긴다.

올리브영도 마찬가지다. 여기에 입점한 뷰티 브랜드들은 기존의 매체 광고를 줄이고, 콘텐츠형 기획전, 리뷰 기반 추천 광고, 앱 내 배너 광고 같은 구매 전환 중심의 리테일 미디어에 더 많은 예산을 배분한다. 광고 집행→고객 반응→구매→리뷰 생성이라는 모든 과정이 하나의 플랫폼에서 유기적으로 연결되기 때문이다. 지금 광고비는 '더 많이 보여주는 곳'이 아니라, '더 많이 전환되는 곳'으로 이동하고 있다. 이제는 TV 광고보다 고객 리뷰에 달린 한 줄이 더 많은 매출을 만든다. 리테일 미디어는 브랜드에는 성과 중심 마케팅의 최전선이며, 유통사에는 광고라는 새로운 수익 파이프라인을 만들어주는 전략적 도구가 되고 있다.

리테일 미디어가 작동하는 방식

리테일 미디어는 크게 두 갈래로 나뉜다. 하나는 디지털 광고 영역이다. 고객이 플랫폼 안에서 검색한 키워드에 맞춰 노출되는 검색 광고, 화면에 자동 노출되는 디스플레이 광고, 고객의 행동 데이터를 기반으로 상품을 제안하는 AI 추천 광고가 여기에 해당된다. 또 다른 축은 오프라인 광고 영역이다. 매장 안의 디지털 사이니지, 장바구니나 카트에 부착된 래핑 광고, 배달 포장재나 라스트마일 배송 차량 외관에 노출되는 광고 등이 이에 포함된다. 모든 광고는 한

가지 공통점이 있다. 고객의 동선과 행동 데이터를 기반으로 정밀하게 작동한다는 점이다. 광고주는 타깃 고객에게, 정확한 타이밍에, 원하는 메시지를 전달할 수 있다. 리테일 미디어는 그렇게 '보여주는 광고'에서 '움직이는 광고'로 진화하고 있다.

2023년 7월, 쿠팡의 광고 비즈니스 담당자와 대화를 나눌 기회가 있어서 우수 사례를 알려달라고 했다. 그랬더니 쿠팡에서 첫 광고를 집행한 브랜드에서 이렇게 말했다고 한다.

"시스템이 우리 고객보다 우리를 더 잘 아는 느낌이었어요. 기본적인 세팅을 하니, ROAS가 1,500% 나왔다고요."

SSG.COM, 쿠팡, 네이버 등 국내 주요 플랫폼들은 리테일 미디어 광고 상품을 셀러와 브랜드가 직접 구매하고 운영할 수 있도록 시스템화하고 있다. 광고 예산은 더 이상 대행사나 마케팅 부서만 집행하지 않는다. 셀러가 직접 캠페인을 만들고 광고 성과를 실시간으로 확인하며 예산을 유연하게 조정할 수 있어서, 광고는 선택형 툴이 아니라 운영 전략의 일부로 자리 잡았다.

SSG.COM은 구매 가능성이 높은 고객과 타이밍을 예측해 광고를 자동 노출하는 AI 추천 기반 광고 엔진을 보유하고 있으며, 쿠팡은 검색→탐색→구매 전환까지의 고객 여정을 실시간으로 분석해 성과 중심의 광고를 설계한다. 네이버는 커머스 안에서 검색이라는 핵심 기능을 활용해 브랜드가 구매 전환 중심 퍼포먼스 광고를 쉽게 운영할 수 있는 구조를 제공하고 있다.

이렇듯 플랫폼으로서는 광고 매출이 부가 수익을 넘어서, 플랫폼에서 광고를 집행한 후 효과를 확인하고 다시 돌아오는 브랜드가 얼마나 많은지가 플랫폼의 경쟁력을 나타내는 중요한 지표다.

리테일 미디어는 단일 광고 상품이 아니라, 고객의 구매 흐름과 접점을 기준으로 작동하는 다층적 광고 시스템이다. 이를 구체적으로 이해하려면, 각 광고 유형이 어떤 방식으로 작동하며 어떤 플랫폼에서 구현되고 있는지 살펴보는 것이 좋다.

예를 들어, 쿠팡의 검색 광고는 고객이 입력한 키워드를 기반으로 상품을 노출하고, 클릭당 과금 방식(Cost per Click, CPC)으로 광고비가 집행된다. 고객의 클릭률과 구매 전환 데이터를 실시간으로 반영해 광고 노출 순위를 자동으로 조정하므로, 성과가 좋은 상품이 상단에 더 오래 노출된다. 또한 SSG.COM의 AI 추천 광고는 고객의 장바구니 이력, 탐색 빈도, 최근 검색 키워드를 기반으로 구매 전환 가능성이 높은 상품을 자동으로 배치하는 구조다. 광고주가 따로 설정할 필요 없이 예산만 입력하면, 시스템이 상품 노출과 성과 관리를 전담한다. 그리고 네이버 쇼핑에서는 디스플레이 광고와 브랜드스토어 배너 광고가 고객의 진입 경로(메인, 기획전, 검색 결과 등)에 따라 시각적 주목도가 높은 영역에 배치되어, 브랜드 인지도를 높이는 데 활용된다.

오프라인 영역에서도 이마트는 오프라인 매장을 미디어 공간으로 전환해 디지털 광고 인벤토리를 다각화하고 있다. 대표적으로 매장 진입 시 대형 LED 사이니지, 매장 내부 통로의 디지털 패널, 계산대 앞 광고 디스플레이, 카트 손잡이와 바닥 광고에 이르기까지 모든 고객 동선이 광고 접점으로 설계되어 있다. 이와 동시에 이마

광고 유형	프로세스	사례
검색 광고 (Search Ads)	고객이 입력한 키워드 기반 광고 노출함. 키워드 입찰 가격과 구매 전환율 기준으로 자동적으로 순위 조정.	쿠팡: 키워드 입찰 구조, 클릭당 과금(CPC)
디스플레이 광고 (Display Ads)	카테고리 진입 시 상단 배너 또는 메인 화면에 고정 노출.	네이버: 브랜드스토어 메인 비주얼 영역 광고
AI 추천 광고 (AI Recommended Ads)	고객 행동 데이터 기반으로 구매 전환 가능성 높은 상품을 자동 노출.	SSG.COM: 구매 여정 기반 추천 광고 시스템
오프라인 디지털 광고	매장 내 사이니지, 계산대 디스플레이, 카트 패널 등 오프라인 동선에 맞춘 광고 노출	이마트: 매장 사이니지+오프라인 캠페인 연동형 광고 운영
라스트마일 광고	배송 포장재(봉투·박스·전단지 등)에 광고 삽입. 고객 수령 단계에서 브랜드 메시지 전달.	SSG.COM: 쓱배송 봉투 및 패키지에 브랜드 광고 삽입 운영.

광고 유형별 프로세스

트앱, SSG.COM과의 연동 캠페인을 통해 오프라인 트래픽을 디지털 광고 성과로 연결하는 전략도 운영 중이다.

이처럼 디지털과 오프라인의 모든 접점이 광고 인벤토리로 활용되는 구조는 리테일 미디어가 온라인 배너에만 머무르지 않고 구매 여정 전체를 아우르는 매체로 진화했음을 보여준다.

유통은 어떻게 미디어가 되었는가?

처음부터 유통이 미디어였던 것은 아니다. 상품을 진열하고 판매하는 공간으로, 고객이 물건을 고르고 장바구니에 담고 계산하는 게 전부였다. 하지만 지금은 고객이 머무는 공간마다 광고가 들어선다. 진열대 위의 안내판, 매장 입구의 디지털 화면, 앱 메인 화면의 추천 배너까지, 이제는 고객의 시선이 닿는 곳마다 광고가 따라온다. 이제 유통은 물건을 파는 공간일 뿐만 아니라, 광고 수익을 만드는 미디어 플랫폼이 되고 있다. 즉, 고객을 모으는 장소였던 유통이 이제는 광고를 통해 돈을 버는 구조로 바뀐 것이다.

리테일 미디어의 핵심은 바로 이것이다. 고객이 머무는 모든 공간이 광고 인벤토리로 바뀌고, 고객이 남긴 행동 데이터는 정확한 타깃팅과 추천의 근거가 된다. 모든 과정은 유통 플랫폼에서 자연스럽게 이루어진다. 고객은 광고를 본다고 느끼지 않지만, 광고는 이미 그들의 여정에 녹아 있다. 리테일 미디어는 그렇게 유통의 구조

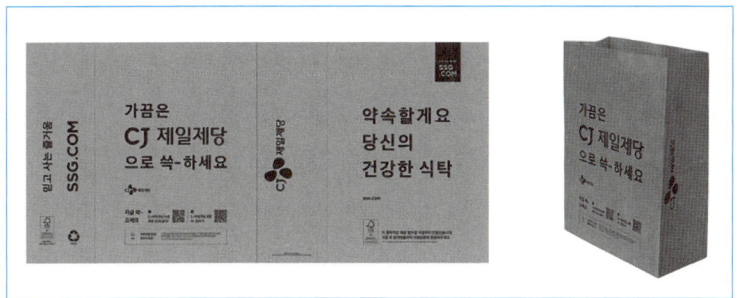

라스트마일 광고 상품인 쓱배송 봉투[7]

* 이미지 출처: SSG.COM 광고 홈

를 바꾸고 광고의 질서까지 새롭게 세우고 있다. 그래서 SSG.COM에 입점한 한 브랜드 담당자는 이렇게 말했다.

"처음엔 광고 지면을 산다고 생각했는데, 지금은 고객의 행동을 사는 느낌이에요."

유통은 '매장'이 아니라, '데이터 흐름을 설계하는 미디어'가 되었다. 그리고 광고와 유통, 구매 전환과 기술, 고객과 데이터가 하나의 시스템 안에서 유기적으로 연결되어 있다. 이 구조 안에서 리테일 미디어는 단순한 부가 사업이 아니라, 유통 플랫폼의 새로운 본질이자 비즈니스의 중심축이다. 과거에는 제품을 진열하고 고객이 선택하고 결제하는 과정에 집중했다면, 지금의 유통은 그 모든 과정을 데이터로 기록하고 데이터를 기반으로 광고를 설계하고 매출을 만들어내는 공간이 되었다.

따라서 리테일 미디어는 이제 유통의 부속물이 아니다. 유통의 얼굴이 바뀌고 있다는 증거이자, 미디어로서의 유통이 완성되는 가장 강력한 장치다.

이는 이론에 그치지 않으며, 이미 현실에서 다양한 플랫폼과 유통기업에 의해 명확히 입증되고 있다. 아마존은 검색 광고, 추천 광고, 콘텐츠 연계 광고까지 자체 생태계를 구축했으며, 퍼스트 파티 데이터 기반의 정밀 타깃팅과 구매 전환율 중심의 광고 알고리즘을 통해 효율을 극대화하고 있다. 상품을 파는 플랫폼을 넘어서, 고객의 행동 흐름을 매체로 전환하는 기업으로 진화한 것이다.

국내에서도 롯데그룹은 유통 전 채널을 하나의 광고 네트워크로 통합하고 있다. 4천만 명의 가입자를 지닌 엘포인트(L.POINT) 데이터를 바탕으로, 롯데ON, 롯데백화점, 롯데마트, 롯데홈쇼핑, 롯데면세점 등 전사의 모든 지점에서 하나의 연결된 광고 메시지를 운영한다. 예를 들어, 소비자가 롯데백화점에 방문했을 때 이미 지난주 롯데마트 앱에서 롯데백화점 광고를 봤다면, 광고 서사 구조가 작동하고 있다는 증거다.

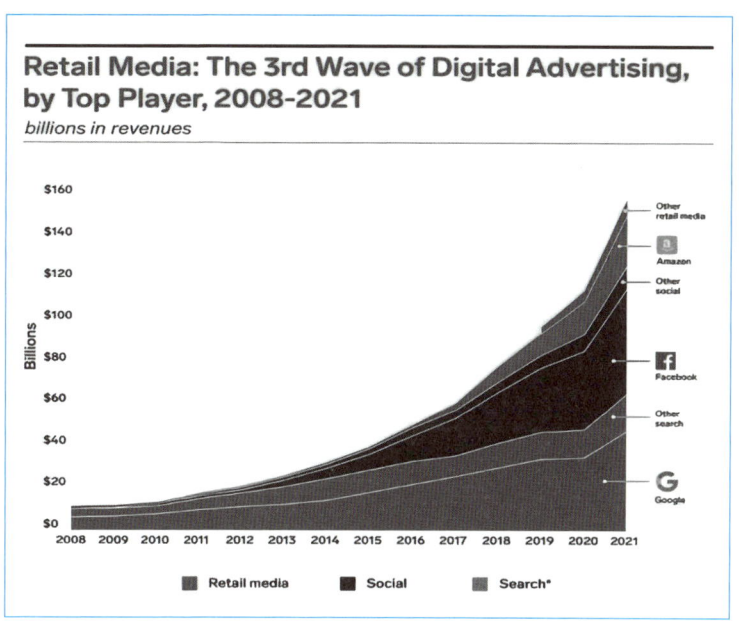

리테일 미디어는 디지털 광고의 제3의 물결

* 이미지 출처: 인사이더 인텔리전스

세계는 지금
광고 플랫폼 전쟁 중

RETAIL MEDIA

지금 세계는 조용한 전쟁 중이다. 표면에는 상품과 플랫폼이 있지만, 그 이면에서는 광고를 둘러싸고 주도권 경쟁이 치열하게 벌어지고 있다. 아마존, 월마트, 알리바바 같은 글로벌 유통 기업들은 물건을 잘 파는 회사를 넘어, 광고 플랫폼으로서의 정체성을 강화하고 있다. 그들이 벌어들이는 광고 수익은 부가 수익일 뿐 아니라, 고객 경험, 데이터 통제력, 플랫폼의 지속 가능성까지 좌우하는 핵심 자원이다. 이제 광고는 물건을 팔기 위한 수단이 아니라, 고객과 플랫폼을 연결하는 전략의 중심에 놓여 있다. 따라서 글로벌 유통사들은 경쟁사의 광고 생태계를 벤치마킹하고, 자체 DSP(Demend Side Platform), 타깃팅 알고리즘, 크리에이티브 자동화 도구를 강화하며 광고 플랫폼으로 진화하는 데 총력을 기울이고 있다.

유통기업, 이제는 미디어기업이다?

세계 최대 유통사들은 상품만 팔지 않는다. 플랫폼으로 유입되는 고객 트래픽을 광고로 전환하는 구조를 만들어냈고, 구매와 광고가 분리되지 않는 시스템을 정교하게 구축했다.

리테일 미디어는 미국, 중국, 유럽에서는 이미 거대한 광고 시장으로 성장했다. 각 기업은 자사 플랫폼 안에서 광고주를 위한 미디어 생태계를 설계했다. 미디어 전략은 수익을 넘어 고객 경험과 플랫폼 경쟁력의 핵심 축이 된다. 아마존은 그 대표적인 사례다. 검색 결과 상단에 노출되는 스폰서 상품, 상세 페이지 속 배너 광고, 관련 상품 추천까지 모두 리테일 미디어 상품으로 구성되어 있다. 고객은 검색한다고 생각하지만, 실제로는 광고를 클릭해서 구매에 도달한다. 이렇듯 구매 전환 중심의 구조는 광고주에게 매우 매력적이다.

월마트 역시 본격적으로 움직이고 있다. '월마트 커넥트(Walmart Connect)'라는 독립 광고 플랫폼을 출범시키고, 매장 내 디지털 사이니지, 온라인 배너, 셀러 중심의 광고 상품을 통합적으로 관리한다. 특히 오프라인 매장 기반의 퍼스트파티 데이터를 활용해 리테일 미디어 네트워크(Retail Media Network, RMN) 생태계를 빠르게 구축하고 있다. 타깃과 크로거 역시 자체 RMN 플랫폼을 운영하며 브랜드와 광고주에게 성과 기반의 정밀 타깃팅 광고 상품을 제공하고 있다.

　중국에서는 알리바바가 이 흐름을 선도하고 있다. 자체 광고 플랫폼인 알리마마를 통해 타오바오, 티몰, 타오바오 라이브 등 자사의 모든 플랫폼을 하나의 통합 광고 시스템으로 묶는다. 검색 광고, 키워드 입찰형 광고, 콘텐츠 기반 광고까지 정교하게 체계화하며, 특히 라이브 커머스와 콘텐츠 중심 광고는 중국형 리테일 미디어의 대표적인 모델로 평가받고 있다. 알리바바의 2022년 광고 수익은 약 60억 달러(8조 3,500억 원)에 달하며, 이는 전체 커머스 수익의 30% 이상[8]을 차지할 정도로 핵심 수익원으로 자리 잡았다.

플랫폼	광고 플랫폼명	광고 방식	광고 수익 (연)	특징
아마존	자체 플랫폼	스폰서 광고, DSP, 추천 광고	424억 달러 (2023)	광고 수익 세계 3위, 구매 전환 기반
월마트	월마트 커넥트	매장 광고 + 웹 배너 + 셀러 광고	비공개	오프라인 연동 RMN 모델
타깃	라운델	타깃팅 배너, 크리에이티브 캠페인	비공개	브랜드 캠페인 중심 전략
알리바바	알리마마	검색, 추천, 키워드 입찰, 콘텐츠 광고	60억 달러 (2022)	콘텐츠+커머스 결합, 라이브 광고

플랫폼별 광고 현황

광고가 돈이 되는 이유는 숫자보다 확신이다

리테일 미디어의 가장 큰 매력은 '광고를 붙일 수 있다'는 것이 아니라, 유통기업으로서는 수익성과 자산 효율성이 동시에 높은 보기 드문 사업이라는 점이다. 기존의 유통 모델은 물류센터, 창고, 배송 인프라 같은 고정비가 많고, 상품 판매에 따른 마진은 낮다. 수익을 내는 데 시간이 오래 걸리고, 운영 효율도 떨어지기 쉽다. 하지만 리테일 미디어는 이미 존재하는 플랫폼 내 노출 공간(인벤토리)을 광고 상품으로 판매하는 구조이기 때문에, 추가 비용 없이도 고수익을 창출할 수 있다. 이 점에서 리테일 미디어는 '판매 사업'이 아니라 '공간 수익화' 모델에 가깝다.

실제 수치를 살펴보자. BCG 자료에 따르면, 아마존의 광고 부문 영업이익률은 무려 50~75%에 이른다. 이는 본업인 유통에서는 기대할 수 없는 수준이며, 아마존이 광고를 핵심 수익원으로 여기는 이유이기도 하다. 이 구조를 눈여겨본 월마트, 타깃, 크로거 등도 따로 미디어 사업부를 만들고, 독립적인 KPI를 부여하며 리테일 미디어를 전략적으로 키우고 있다.

그저 광고 인벤토리를 확장하는 것이 아니라, 퍼포먼스 중심의 광고 상품을 지속적으로 개발하고 광고주에게 '성과가 보이는 광고'라는 확신을 주는 시스템을 만드는 것이다. 결국 리테일 미디어의 가치는 숫자로만 설명되지는 않는다. '이 광고는 실제로 팔린다'는 확신이 광고비를 끌어당기고 수익을 증명한다.

국내에서도 이러한 광고 전략이 점점 정교해지고 있다. SSG.COM은 고객의 쇼핑 행동 데이터를 기반으로 구매 전환 가능성이 높은 순간에 광고를 자동 노출하는 구조를 구축하고 있다. 예를 들어, 고객이 특정 상품군을 반복해서 검색하거나 장바구니에 담은 채 구매하지 않고 이탈하면, 시스템은 이를 구매 전환의 신호로 해석한다. 그리고 고객이 다시 플랫폼을 방문했을 때, 가장 연관도 높은 브랜드나 유사 제품의 광고가 지면 내 핵심 위치에 자동으로 배치된다. 광고주가 광고 진행 동의만 입력하면, AI가 고객 행동의 흐름을 분석해 최적의 타이밍과 지면에 광고를 배치하는 것이다.

이 과정은 실시간으로 운영되며, 그에 대한 고객의 반응은 다시 학습 데이터로 반영된다. 즉, 광고가 '알아서' 움직이는 구조인 셈이다. 이 시스템의 핵심은, 광고가 고객의 구매 여정에 부자연스럽게 끼어드는 것이 아니라 원래 그 자리에 있어야 할 정보처럼 자연스럽게 녹아든다는 점이다. 고객의 입장에서는 광고라기보다는 '나를 위한 추천'처럼 느껴진다. 브랜드 입장에서는 성과가 보이는 구매 전환 중심의 광고가 된다. SSG.COM은 이렇게 리테일 안에 광고가 있는 것이 아니라, 광고에 리테일 경험이 녹아든 구조를 만들고 있다. 이 구조야말로 리테일 미디어가 가장 정교하게 진화한 형태다.

광고의 성패는 '구매 전환율'이 아니라 '맥락'에서 갈린다

글로벌 기업이 리테일 미디어에 집중하는 이유는 수익 때문만이 아니다. '광고가 보여지는 맥락'이 구매 전환율을 좌우한다는 사실이 중요하다. 아마존과 알리바바는 광고를 노출하기만 하는 게 아니라, 고객의 행동 데이터를 면밀히 분석한 뒤에 가장 설득력 있는 타이밍과 위치에 광고를 배치한다. 이런 접근 방식은 전통 광고인 TV나 포털 배너와는 본질적으로 다르다. '보여주는 광고'를 넘어, 실제로 구매를 유도하는 구조를 설계한 것이다.

예를 들어, 아마존은 고객이 장바구니에 담은 상품과 연관된 제품을 특정 위치에 노출하거나, 이전 검색 기록에 따라 광고 메시지를 달리 구성한다. 이를 통해 구매 전환 가능성이 높은 순간을 정밀하게 포착한다. 쿠팡 역시 고객의 최근 검색·클릭·구매 행동을 실시간으로 반영해 광고 인벤토리를 자동적으로 최적화한다. 광고는 고객의 현재 상황, 맥락, 필요에 맞춰 정확한 타이밍에 등장한다. 이러한 구조 덕분에 광고는 방해가 아니라 도움이 된다.

이제 광고의 성패는 '누가 보느냐'가 아니라 '언제, 어떤 맥락에서 보느냐'에 의해 결정된다. 이것이 바로 리테일 미디어의 가장 강력한 차별점이다. 최근에는 AI 기반 추천 광고 시스템이 이 흐름을 더욱 가속화하고 있다. 고객의 성별, 시간대, 날씨, 구매 주기 등 복합 데이터를 분석해 가장 설득력 있는 제품과 메시지를 자동적으로 매칭하는 기술이 빠르게 확산되고 있다. 맥락을 읽는 광고가 진짜 성과를 만들어낸다.

디지털 광고 시장에서 리테일 미디어가 차지하는 위상

미국 디지털 광고 시장에서 리테일 미디어의 위상은 빠르게 높아지고 있다. 아마존에서는 전체 광고 지출의 15% 이상을 차지할 정도로, 부가적인 수익 모델로만 여겨졌던 리테일 미디어가 이제는 광고 생태계의 중심 플레이어로 떠오른 것이다. 이 변화는 기존의 검색·소셜 중심의 광고 구조가 상거래 기반의 광고로 재편되는 흐름을 보여준다. 아마존은 고객의 구매 데이터를 기반으로 광고를 운영하면서 미디어 플랫폼으로서의 영향력을 빠르게 확대하고 있다.

중국도 비슷한 흐름을 보인다. 알리바바와 징둥닷컴은 자사의 커머스 플랫폼에 축적된 퍼스트파티 데이터를 활용해, 광고주 맞춤형 캠페인을 자동적으로 집행하는 시스템을 구축했다. 특히 커머스, 콘텐츠, 소셜이 결합된 리테일 미디어 전략이 본격화되며 브랜드 인지도와 구매 전환을 동시에 확보할 수 있다. 이러한 사례는 리테일 미디어가 광고 지면 판매를 넘어, 고객 여정 중심의 마케팅 플랫폼으로 진화하고 있다는 것을 보여준다. 그 진화의 중심에는 퍼스트파티 데이터 기반의 정교한 타깃팅이 있다.

국내 시장도 이 흐름을 따르고 있다. 쿠팡, SSG.COM, 올리브영 등 주요 리테일 기업들은 자체 광고 상품을 지속적으로 강화하며, 자사 생태계 내의 고객 데이터를 활용한 브랜드 맞춤형 광고 모델을 구축하고 있다. 국내 리테일 미디어 역시 '보여주는 광고'를 넘어 '구매 전환이 일어나는 미디어'로 나아가고 있는 것이다. 각 기업의 구체적인 전략과 실행 방식은 다음 장에서 자세히 살펴보려 한다.

리테일 미디어는 더 이상 트렌드가 아니다

리테일 미디어를 새로운 시도나 떠오르는 트렌드 정도로 여기면 곤란하다. 전 세계 디지털 광고 시장의 판도를 근본적으로 바꾼 새로운 중심축이기 때문이다.

광고 시장은 항상 변한다. 한때는 검색이 중심이었고, 이후에는 소셜미디어가 광고 예산의 주무대가 되었다. 지금은 그 중심이 유통 플랫폼, 즉 커머스로 옮겨 갔다. 새로운 채널이 등장해서가 아니라, 리테일 미디어만이 가진 명확하고 강력한 구조적 장점 때문이다.

첫 번째, 리테일 미디어는 고객의 '의도'가 아닌 '행동'에 기반한 광고가 가능하다. 검색 광고는 사용자가 어떤 키워드를 입력했는지를 바탕으로 관심을 가질 만한 제품을 추천한다. 하지만 이 경우 실제로 구매로 이어질지 예측하기 어렵다. 반면 리테일 미디어는 고객이 이미 장바구니에 상품을 담아두었거나, 결제를 고민하는 시점에 광고를 노출할 수 있다. 즉, 구매 가능성이 높은 결정의 순간에 광고를 띄울 수 있기 때문에, 구매 전환율이 훨씬 높고 광고 효율이 좋다.

두 번째, 수익성이 높다. 기존의 유통 플랫폼은 상품을 팔고 일정 비율의 수수료를 받는 구조였다. 하지만 이런 방식은 물류비, 인건비, 운영비 등 고정비가 많이 들어 마진을 크게 남기기 어렵다. 그에 비해 광고는 기존에 있던 노출 공간을 활용해 수익을 만들기에, 별도의 물류비나 인건비 없이도 고수익을 창출할 수 있다. 그래서 많은 유통 기업이 리테일 미디어를 차세대 성장 동력으로 보고 적극적으로 미디어 사업에 뛰어드는 것이다.

세 번째, 리테일 미디어는 퍼스트파티 데이터를 가장 풍부하게 보유한 채널이다. 요즘에는 브라우저 쿠키 사용이 제한되고 개인정보 보호 규제가 강화되고 있어서, 과거처럼 사용자 행동을 추적하기가 점점 어렵다. 그런데 유통 플랫폼은 고객의 검색 이력, 장바구니 내역, 구매 패턴 등을 정교하게 파악할 수 있다. 이런 행동 기반의 데이터는 광고를 정교하게 설계할 수 있는 막강한 자산이 된다. 데이터를 실시간으로 활용할 수 있다는 점은, 포털이나 SNS도 갖지 못한 리테일 미디어만의 경쟁력이다.

마지막으로, 리테일 플랫폼은 고객 접점의 밀도가 아주 높다. 사람들은 하루에도 몇 번씩 쇼핑 앱을 열고, 할인 알림을 받고, 장을 보러 오프라인 매장을 방문한다. 이처럼 디지털과 오프라인을 넘나

드는 다양한 접점에서 플랫폼은 고객과 끊임없이 연결된다. 밀도 높은 접점은 광고가 고객에게 노출되는 빈도와 질을 높여주며, 그렇기에 미디어로서 강력한 잠재력을 갖는다.

이렇듯 구매 전환 중심 구조, 높은 수익성, 퍼스트파티 데이터, 강력한 고객 접점이라는 장점을 동시에 갖춘 리테일 플랫폼이야말로 앞으로 광고 시장에서 주도권을 잡을 것이다. 리테일 미디어는 시도해볼 만한 신사업이 아니라, 미래의 광고 시장을 이끌어갈 핵심 인프라다. 이 구조를 이해하지 못하면 커머스도, 마케팅도, 광고도 이야기하기 어려워질 것이다.

구분	기존 포털 광고	리테일 미디어
구매 전환 가능성 (CTR)	낮음 (정보 탐색 중심)	높음(구매 직전 단계에서 노출)
수익성	중간 (광고 단가 변동)	높음(플랫폼 내 광고 운영으로 마진 극대화)
데이터 활용	제한적 (3rd-party)	풍부함(1st-party 데이터 기반)
고객 접점 밀도	간헐적 (검색·SNS 중심)	일상적·반복적(쇼핑, 결제, 배송 등)

리테일 미디어와 기존 광고의 비교

한국형 리테일 미디어, 지금 어디쯤 와 있나

RETAIL MEDIA

글로벌 리테일 미디어가 주류 광고 시장으로 빠르게 자리 잡는 가운데, 국내 유통사들도 그 흐름을 따르고 있다. 쿠팡, SSG.COM, 올리브영, 네이버쇼핑, 이마트 등 국내 주요 유통 플랫폼에서는 자체 광고 상품을 고도화하고 자사 생태계에서 광고주를 위한 미디어 구조를 정비하는 작업을 서두르고 있다.

하지만 모든 유통사가 같은 속도로 움직이는 것은 아니다. 디지털 전환의 속도, 데이터 활용 역량, 조직 내 광고 비즈니스에 대한 인식에 따라 플랫폼 간 격차는 점점 더 벌어지고 있다. 누군가는 광고를 독립 수익 모델로 육성하는데, 누군가는 여전히 유통 본업의 부속 사업으로 여긴다. 이러한 현실에서 가장 중요한 것은 국내 시장의 흐름을 정확히 읽는 일이다.

누가 먼저 움직였는지, 어떤 전략을 택했는지, 어떤 방식으로 광고와 유통의 경계를 허물고 있는지를 이해하는 것은 리테일 미디어 전략을 설계하는 출발점이 된다. 이 장에서는 국내 주요 유통사의 리테일 미디어 전략을 플랫폼별로 비교·분석하고, 그들이 만들어낸 광고 상품과 데이터 구조, 고객 접점 활용 방식까지 구체적으로 살펴보고자 한다.

유통사의 광고 전환, 누가 더 빨랐나?

국내 유통 시장에서 리테일 미디어는 더 이상 미래의 일이 아니다. 이미 각 유통기업은 자신만의 리테일 미디어 전략을 본격적으로 펼치고 있다. 쿠팡은 그 선두 주자다. 쿠팡은 검색 광고, 배너 광고, 자동 타깃팅 광고 등 다양한 광고 상품을 포함한 자체 광고 플랫폼을 고도화하고, 연 1조 원 규모의 광고 수익을 올리며 그 성과를 입증했다. 쿠팡의 강점은 검색 기반 광고에서 발생하는 구매 전환 중심 광고가 매출 성장에 직접적인 영향을 미친다는 점이다.

SSG.COM은 또 다른 경쟁자다. AI 추천 광고를 중심으로 광고 상품 구조를 확대하며, 특히 셀러 중심 운영 체제를 구축해 광고 참여율을 높이고 있다. 플랫폼 내 셀러의 광고 참여를 유도하면서, AI 기반의 개인화된 광고가 더욱 효율적으로 작동한다. 이는 고객 맞춤형 경험을 강화하면서도 플랫폼 수익을 안정적으로 확장하는 전략이다.

네이버는 리테일 미디어와 검색, 커머스의 결합을 통해 경쟁력을 확보하고 있다. 검색 광고와 커머스를 연동시켜, 사용자가 검색한 결과를 토대로 직접적인 구매로 이어지게끔 광고를 설계한다. 광고주에게는 구매 전환율 중심의 광고를 제공하고, 광고 효과를 실시간으로 측정할 수 있다는 장점이 있다. 그리고 광고와 쇼핑의 경계를 허물며 리테일 미디어의 연동 효율을 더욱 높이고 있다. 한 뷰티 브랜드 마케터는 사석에서 이렇게 말했다.

"쿠팡은 광고를 '집행하는 곳'이 아니라 '매출이 나오는 곳'이에요. 광고비가 아니라 매출비예요."

리테일 미디어는 이제 유통사의 '서비스'가 아니라 브랜드의 '전략 지점'이다. 이처럼 국내 유통 플랫폼들은 각자의 핵심 역량을 중심으로 리테일 미디어 전략을 설계하고 있다. 검색, 물류, 멤버십, 오프라인 채널 등 그들이 보유한 강점을 기반으로, 단순한 배너 판매를 넘어 고객의 구매 전환을 유도하는 광고 시스템으로 빠르게 진화하는 중이다. 각 유통 플랫폼이 지닌 차별점을 살펴보자.

네이버는 검색에 강하다. 고객이 어떤 상품을 찾고 있는지 실시간으로 파악할 수 있는 플랫폼 구조 덕분에, 검색 결과와 커머스를 유기적으로 연결한 검색 기반 퍼포먼스 광고가 자연스럽게 작동한다. 검색 광고는 더 이상 정보 탐색용이 아니라, 즉각적인 구매 전환을 유도하는 광고 지면이다.

쿠팡은 물류와 로켓배송이라는 강력한 인프라를 갖추고 있다. 즉시 배송이 가능한 상품에 광고를 붙이면, 고객의 구매 저항이 줄어들고 광고 효율은 자연스럽게 높아진다. 최근에는 멤버십 기반으로 광고 노출 범위를 차등화하거나, 특정 등급에만 프로모션 광고를 제공하는 등 정교한 세그먼트 운영도 시도되고 있다.

SSG.COM은 프리미엄 타깃팅과 오프라인 채널과의 연동이라는 차별점이 있다. 백화점·이마트 등 오프라인 매장에 방문한 고객의 행동 데이터를 디지털 광고에 반영하여, 온라인과 오프라인을 통합한 광고 전략을 설계한다. 특히 고객의 탐색 행동과 장바구니 데이터를 기반으로, AI 추천 광고가 '광고 같지 않게' 노출되도록 설계된 점이 특징이다.

이처럼 각 플랫폼은 자신이 가장 잘할 수 있는 영역을 중심으로 광고 상품을 구조화하고 있다. 노출을 파는 것을 넘어서, 구매 전환을 설계하는 미디어 시스템으로 진화하고 있다.

데이터가 먼저 반응한다고?

국내 디지털 광고 시장에서도 리테일 미디어의 영향력은 빠르게 확대되고 있다. 2021년 기준으로, 국내 전체 광고 시장에서 리테일 미디어는 약 2.8조 원 규모다. 이는 전체 디지털 광고 시장의 약 30%[9]에 해당하는 수치다. 포털 광고(약 55%)에 이어 두 번째로 큰 비중을 차지하고 있으며, 무엇보다도 성장 속도 면에서는 가장 빠른 카테고리다. 주목할 점은, 국내 커머스 플랫폼들의 광고 수익 비중이 이미 매우 높은 수준이라는 것이다.

- 네이버는 전체 커머스 매출의 약 60%가 광고에서 발생하는 것으로 추정된다.
- 11번가는 전체 매출 중 약 50% 이상이 광고 수익으로 구성된다.
- 쿠팡은 2024년 한 해 동안 1조 원 규모의 광고 매출을 달성한 것으로 추정된다.
- SSG.COM은 AI 추천 광고를 도입한 이후 일부 광고 상품에서 ROAS 2,000% 이상을 기록하며, 광고 상품의 수익성과 구매 전환 효율을 동시에 입증했다.

이러한 수치는 방향성을 보여준다. 리테일 미디어는 '있으면 좋은' 보조 수익 모델을 넘어섰다. 플랫폼의 수익 구조를 떠받치는 핵심 축으로 자리 잡았으며, 유통기업의 비즈니스 모델을 상품 판매에서 미디어 수익 중심으로 이동시키고 있다.

오프라인 유통사의 대응과 구매 전환 전략

리테일 미디어는 더 이상 온라인 커머스의 전유물이 아니다. 이제는 오프라인 중심의 유통 대기업도 이 변화에 빠르게 대응하여, 자신들만의 방식으로 미디어 전략을 구축한다. 올리브영은 뷰티 특화 플랫폼이라는 정체성을 기반으로, 오프라인 매장 내 POS 디스플레이와 앱 내 콘텐츠형 광고를 연계했다. 이를 통해 브랜드 협업 기획전, 리뷰 기반 광고, 체험형 콘텐츠를 결합한 '광고 같지 않은 광고'를 확장하고 있으며, 광고주 입장에서는 고객의 행동 데이터를 바탕으로 정밀한 타깃팅이 가능해졌다.

롯데그룹은 유통 계열사 전반을 하나의 거대한 광고 네트워크로 연결하는 전략을 추진 중이다. 4천만 명에 달하는 엘포인트 회원 데이터를 기반으로 각 채널에 광고 상품을 연동시켜서, 온·오프라인 전반에 걸친 통합 광고 시나리오를 운영한다. 이는 그룹 전체가 하나의 RMN으로 기능하는 구조로 발전하고 있다.

현대백화점그룹도 최근 리테일 미디어 전략에 본격적으로 착수했다. 2024년 말, 그룹 차원의 리테일 미디어 TF를 구성하겠다고 공식화하고, 현대백화점, 현대홈쇼핑, 한섬, H몰 등 계열사 전반에 걸쳐 고객 접점을 미디어 인프라로 전환하는 전략을 수립 중이다. 특히 에이치포인트(H,Point) 데이터를 기반으로 고객 분석 역량을 강화해, 향후에는 백화점 내 디지털 사이니지 광고, VIP 고객 대상 맞춤형 광고, 라이브커머스 연계형 콘텐츠 광고 등 다양한 형태로 확장될 가능성이 높다.

이처럼 오프라인 중심 유통사들도 매장의 물리적 공간을 광고 인벤토리화하고, 고객 데이터를 연계해 정교한 타깃팅 광고 체계를 구축하면서 본격적으로 리테일 미디어 시장에 뛰어들고 있다. 이제 오프라인 유통의 경쟁력은 매장의 위치나 규모가 아니다. 그 공간이 얼마나 미디어로 전환될 수 있는가, 어떤 데이터 기반 광고 경험을 제공할 수 있는가가 새로운 경쟁력이다.

국내 시장의 구조적 기회와 리스크

국내 리테일 미디어 시장은 빠르게 성장하고 있지만, 그 성장 이면에는 여전히 몇 가지 구조적인 과제와 리스크가 공존하고 있다.

첫 번째 과제는 트래픽의 양극화 현상이다. 최근 몇 년 사이, 쿠팡·네이버·SSG.COM과 같은 대형 플랫폼들은 리테일 미디어 수익을 급속도로 키우며 시장 내 트래픽과 광고 예산을 독식하다시피 하고 있다. 이러한 흐름은 대기업이 국내 리테일 미디어 시장의 핵심 광고 지면과 예산의 대부분을 차지한 이유이기도 하다. 하지만 그 이면에는 중소 플랫폼들의 경쟁력 약화라는 그림자가 있다. 트래픽을 충분히 확보하지 못한 중소 리테일 플랫폼들은 광고 인벤토리를 확보하는 데 어려움을 겪고 있다.

이러한 현실에서 중소 플랫폼이 경쟁력을 유지하기 위해선 광고 지면을 늘리는 것만으로는 부족하다. 차별화된 광고 상품 개발, 콘텐츠형 광고나 리뷰 기반 상품 기획, 브랜드 신뢰도를 높이는 브랜딩 전략 등이 요구된다. 그렇지 않으면, 광고 수익의 대부분이 상위 플랫폼에 집중되는 구조에서는 점차 경쟁의 장 밖으로 밀려날 것이다.

두 번째 과제는 데이터 기반 광고 역량의 격차다. 리테일 미디어의 핵심 경쟁력은 퍼스트파티 데이터, 즉 고객의 행동 데이터를 얼마나 잘 확보하고 그 데이터를 바탕으로 얼마나 정교한 타깃팅을 설계할 수 있는가에 달려 있다. 고객의 검색 이력, 장바구니 내역, 구매 주기, 재방문 패턴 등은 광고 효율을 결정짓는 가장 중요한 자산이다. 하지만 국내 모든 리테일 플랫폼이 이 데이터를 제대로 활용하는 것은 아니다. 일부 플랫폼은 고도화된 분석 기술과 추천 알고리즘을 통해 고객 맞춤형 광고를 실시간으로 설계하고 있지만, 데이터 처리 역량이 부족한 플랫폼은 광고 노출의 타이밍이나 대상 설정에서 효율성을 확보하기 어렵다. 결국 리테일 미디어의 성패는 얼마나 다양한 광고 상품을 갖고 있는가보다, 얼마나 정교하게 고객을 이해하고 구매 타이밍을 포착해 광고를 설계할 수 있는가에 달려 있다.

이제 광고는 단순히 보여주는 행위가 아니다. 고객의 맥락과 행동을 읽어내고, 그에 맞춰 설득력 있게 배치된 순간에만 구매 전환이 일어난다. 고객의 개인화된 경험을 가장 잘 설계할 수 있는 플랫폼, 바로 그 플랫폼이 국내 리테일 미디어 시장의 다음 주도권을 잡을 것이다.

앞으로의 성장 가능성과 전략적 포인트

국내 리테일 미디어 시장은 이제 막 본격적으로 성장하기 시작했다. 시장 조사에 따르면, 국내 리테일 미디어는 2025년까지 약 4.7조 원 규모로 확대될 것으로 전망되며, 이는 전체 디지털 광고 시장의 40%를 차지할 것으로 예상된다.[10] 2020년에는 30% 수준이던 시장 비중이 5년 만에 10%p 이상 확대된다는 말이다. 현재 이커머스 플랫폼의 총 거래액(Gross Merchandise Volume, GMV) 대비 광고 수익 비중은 1~3% 수준에 머물고 있지만, 5% 이상으로 확대될 가능성이 크다. 이는 단순한 예측을 넘어, 리테일 미디어가 플랫폼 수익의 주요 축으로 자리 잡고 있다는 명확한 시그널이다. 이러한 성장의 배경에는 광고 예산의 구조적 이동이라는 흐름이 작용하고 있다. 과거에는 광고 예산이 방송, 인쇄, 포털 중심의 전통 매체에 집중됐다면, 지금은 디지털 플랫폼과 리테일 플랫폼으로 이동하고 있다. 그 이유는 명확하다. 리테일 미디어는 소비자 데이터를 기반으로 한 정밀 타깃팅, 그리고 성과 예측이 가능한 광고 환경을 제공하기 때문이다.

단순히 '보여주는 광고'를 넘어서, 고객의 행동과 맥락에 따라 움직이는 광고, 즉 구매 전환을 유도하는 설계된 미디어로 기능하고 있다는 점에서 리테일 미디어는 더 이상 부가 서비스가 아닌 플랫폼 성장과 직결된 전략 자산으로 부상하고 있다. 이러한 구조를 먼저 이해하고 적극적으로 광고 생태계를 내재화한 기업이야말로 유통과 광고라는 두 시장에서 경쟁 우위를 점할 가능성이 높다. 앞으로는 광고 운영뿐 아니라, AI와 빅데이터를 기반으로 한 고객 여정 분석, 퍼스널라이징된 광고 콘텐츠 설계 능력이 리테일 미디어 플랫폼의 경쟁력을 결정지을 것이다. 광고는 상품이 아니라 전략이며, 그 전략의 중심에 리테일 미디어가 있다.

PART 2

리테일 미디어, 한국에서는 이렇게 진화했다

리테일 미디어라는 개념은 더 이상 개념적인 논의에 머물지 않는다. 이제는 실제 플랫폼 안에서 움직이고, 작동하고, 수익을 만들어내고 있다. 그 중심에는 각 플랫폼이 가진 고유한 경쟁력이 있다. 어떤 기업은 '검색'을, 어떤 기업은 '물류와 배송'을, 또 다른 곳은 '오프라인 채널'과 '멤버십'을 기반으로 광고 상품을 설계하고 있다. 같은 리테일 미디어라도, 전략의 방향과 작동 방식은 놀라울 만큼 다르다. 쿠팡은 고객 행동 데이터를 실시간으로 분석해 광고를 자동으로 최적화하고, 네이버는 검색을 중심으로 커머스를 유기적으로 연결하며, SSG.COM은 AI 추천 기반으로 광고를 고객 경험에 녹여낸다. 올리브영, 롯데, 현대백화점그룹 등 오프라인 중심 기업들도 자체 고객 데이터를 기반으로 오프라인 공간을 광고 인벤토리로 전환하며 대응에 나서고 있다.

이 장에서는 국내 주요 리테일 기업들이 자신의 강점을 어떻게 광고 전략에 녹여내고 있는지, 그리고 광고가 실제로 플랫폼의 핵심 수익 모델로 작동하는 방식은 무엇인지 구체적인 사례와 구조를 통해 살펴본다. 중요한 것은 단순히 '무엇을 하고 있는가'를 아는 것이 아니다. 왜 그런 전략을 택했는지, 어떻게 그 전략이 실제로 수익과 성과로 연결되는지 이해하는 것이다. 리테일 미디어는 정답이 하나뿐인 모델이 아니다. 플랫폼마다 해석이 다르고, 진화의 속도도 다르다. 그렇기에 다르게 진화한 리테일 미디어의 현재를 정밀하게 들여다볼 필요가 있다.

추천을 넘어
매출을 설계하는 광고

RETAIL MEDIA

광고는 이제 '보여주는 것'을 넘어, 구매를 유도하고 매출을 설계하는 전략 도구로 진화하고 있다. SSG.COM의 AI 기반 추천 광고 시스템이 그 대표적인 사례다. 겉으로 보기에는 고객에게 맞는 상품을 자동으로 노출하는 광고처럼 보인다. 하지만 그 이면에서는 정교한 고객 분석 알고리즘과 예측 모델이 작동한다. 시스템은 고객의 장바구니 이력, 최근 검색어, 탐색 행동, 카테고리별 클릭 흐름 등을 분석해 구매 전환 가능성이 높은 시점과 위치에 상품을 자동으로 배치한다.

이 구조의 핵심은 추천이 아니라, 매출을 일으킬 가능성이 높은 광고만 노출되도록 설계되어 있다는 점이다. 광고주는 별도의 세부 타깃을 설정하지 않아도 광고 진행을 동의만 하면, AI가 광고의 대상, 시간, 지면, 순서를 실시간으로 최적화한다. 이 과정에서 고객의 반응은 다시 학습 데이터가 되어 광고 정확도를 더욱 높인다.

SSG.COM은 셀러 중심 광고 운영 체계를 강화해, 입점 브랜드가 직접 광고를 기획·집행·분석할 수 있도록 자체 플랫폼 내 광고 관리자 도구를 고도화하고 있다. 이는 광고 운영의 진입 장벽을 낮추고, 셀러의 광고 참여율을 크게 끌어올리는 계기가 되었다. 이러한 시스템은 광고를 클릭 유도 장치가 아니라, 구매 가능성이 높은 순간을 예측하고 그 타이밍에 개입하는 정밀한 도구로 만들고 있다. 그 결과, 일부 AI 추천 광고 상품은 ROAS 2,000% 이상을 기록하며 광고 상품이 실질적인 매출 동인으로 작동한다는 사실을 증명하고 있다.

광고는 '추천'에서 진화했다[11]

SSG.COM은 리테일 미디어를 광고 지면 판매가 아닌, 고객 경험과 구매 여정에 작동하는 전략 플랫폼으로 접근한다. 그 중심에는 바로 AI 기반 추천 광고 시스템이 있다. 이 시스템은 고객에게 상품을 추천하는 데 그치지 않는다. 고객의 검색 기록, 탐색 행동, 장바구니 내역, 실제 구매 이력 등 퍼스트파티 데이터를 기반으로, 고객이 무엇을 사고 싶어 할지, 언제 가장 구매 가능성이 높을지 예측한다.[12] 예측이 끝나면, 시스템은 해당 상품을 적절한 시점, 가장 효

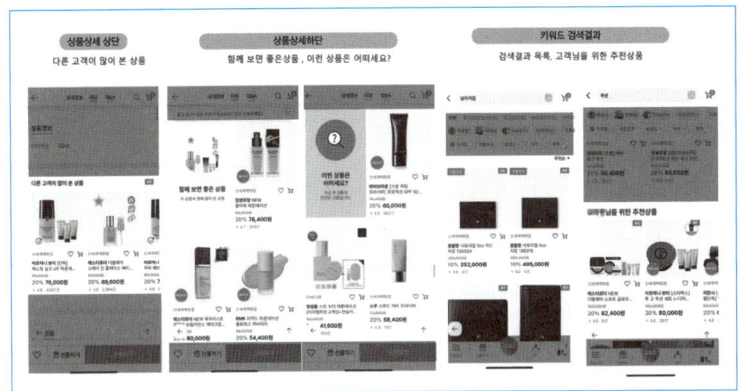

고객의 쇼핑 여정에 따라 상품이 추천되는 광고
* 이미지 출처: SSG.COM 광고 소개서

과적인 지면에 자동으로 노출시킨다. 광고주는 별도의 타깃 설정이나 운영 리소스를 투입하지 않아도 광고가 도달해야 할 고객에게 도달하는 구조가 자동으로 작동하는 것이다.

이처럼 SSG.COM의 광고 시스템은 '무엇을 보여줄 것인가'를 넘어서 '언제, 누구에게, 어떻게 보여줄 것인가'를 설계하는 광고 시스템으로 진화했다. 추천은 하나의 기능이 아니라, 매출을 일으키는 정밀한 전략 수단이 된 셈이다.

매출 연계형 광고 상품, 알고리즘이 움직인다

SSG.COM의 AI 추천 광고는 추천 기능을 넘어서, 실제 매출과 연결되는 구조를 가진 광고 상품이다. 일반적인 검색 광고나 배너 광고는 광고주가 미리 설정한 키워드, 타깃, 지면에 따라 노출된다. 그래서 어떤 고객에게 어떤 상품을 보여줄지 광고주가 일일이 설정하고 관리해야 했다. 하지만 SSG.COM의 추천 광고는 광고주가 결정하지 않아도 알고리즘이 판단하고 움직인다. 고객이 남긴 행동 데이터를 분석한 AI는 누가 무엇을 원하는지 예측하고, 어떤 상품을, 어떤 시점에, 어떤 지면에 노출할지 자동으로 결정한다. 이는 광고주의 운영 리소스를 최소화하면서도 고객에게는 더 설득력 있는 구매 경험을 제공한다. 특히 주목할 점은, 이 시스템이 고객의 구매 여정을 따라 상품 노출 전략을 다르게 구성한다는 것이다.

- 탐색 단계: 브랜드 인지형 상품
- 비교 단계: 가격 경쟁력 있는 상품
- 구매 직전: 구매 전환율이 높은 상품

즉, 고객이 어떤 단계에 있느냐에 따라 광고 노출의 우선순위와 위치가 자동으로 조정된다. 이처럼 SSG.COM은 광고 시스템의 중심을 운영자에서 알고리즘으로 이동시킴으로써, 성과 중심의 자동 최적화 광고 모델을 완성하고 있다. 그 결과, 광고는 운영의 대상이 아니라 매출을 설계하는 자동화된 도구로 진화하고 있다.

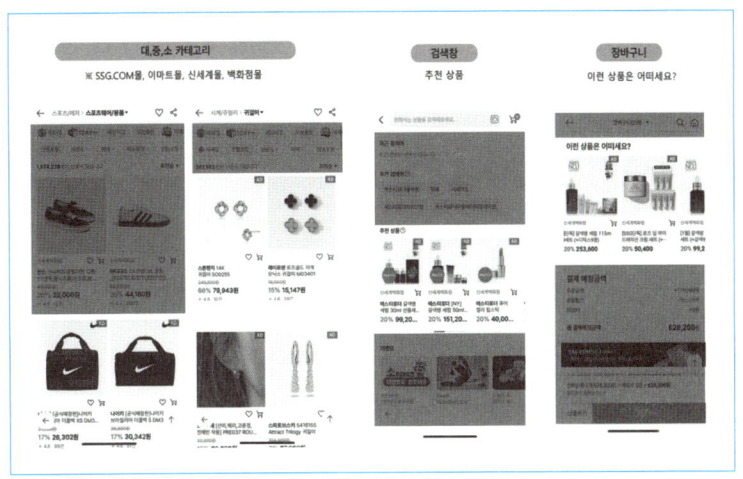

알고리즘에 의해 노출되는 AI 추천 광고
* 이미지 출처: SSG.COM 광고 소개서

광고주가 쉽게 들어오고, 쉽게 성장하는 구조

SSG.COM의 리테일 미디어 전략이 주목받는 이유는, 그 대상이 대형 브랜드에만 국한되지 않는다는 점이다. 중소형 셀러도 광고 성과를 얻을 수 있도록 설계된 구조라는 점에서 SSG.COM은 다른 유통 플랫폼들과 차별화된 전략을 보여주고 있다. 특히 AI 추천 광고는 CPC 구조를 채택하고 있어서, 광고비 부담이 비교적 낮고 성과가 발생할 때만 비용이 집행된다. 여기에 광고 타깃팅과 지면 배치가 모두 자동화되어 있기 때문에, 셀러 입장에서는 복잡한 설정 없이도 광고를 시작할 수 있다. 알고리즘이 고객의 탐색 행동을 분

중소형 셀러의 진입장벽이 낮은 AI 추천 광고
* 이미지 출처: SSG.COM 광고 소개서

석해 가장 효과적인 시점과 위치에 광고를 자동적으로 노출해주기 때문이다.

   이는 광고 전문 인력이 없는 중소형 셀러에게는 매우 매력적인 방식이다. 이처럼 진입 장벽이 낮고, 운영이 간편하며, 성과가 반복 가능한 구조가 광고 참여율을 자연스럽게 끌어올렸고, 이는 곧 플랫폼 전체의 광고 매출 확대와 리테일 미디어 생태계 확장으로 이어졌다. SSG.COM은 광고 상품을 판매할 뿐 아니라, 셀러가 광고를 통해 성장하고 그 성장이 다시 플랫폼의 경쟁력으로 연결되는 구조를 설계했다. 광고는 이제 일부 대형 브랜드만의 전략이 아니라, 누구나 진입하고 성과를 얻을 수 있는 일상적 도구가 되고 있다.

숫자가 보여주는 광고 효과

리테일 미디어의 성과는 더 이상 추상적인 기대가 아니다. 숫자가 그 효과를 명확하게 입증하고 있다. 2023년에 SSG.COM의 AI 추천 광고는 평균 ROAS 2,000% 이상을 기록했는데, 이는 광고비 1만 원을 집행했을 때 평균 20만 원 이상의 매출이 발생했다는 의미다. 고객 데이터를 기반으로 한 정교한 타깃팅, 구매 여정에 맞춘 지면 최적화가 실제 매출로 이어졌다는 강력한 증거다. 성과는 광고 참여와 고객 반응 측면에서도 뚜렷하게 나타났다. 2023년 한 해 동안 추천 광고에 참여한 광고주 수는 3.5배 증가했고, 광고 클릭 수 역시 1.6배 증가하며 광고주 규모와 소비자 반응이 모두 성장세를 보였다. 이러한 흐름은 광고주 사이에 성과가 예측 가능하고 운영이 편리한 광고 상품이라는 인식을 빠르게 확산시켰다.

특히 중소형 셀러의 신규 참여율이 높아진 것은 리테일 미디어가 특정 브랜드만의 전략이 아닌, 플랫폼 전체의 매출을 견인하는 범용 광고 시스템으로 진화하고 있다는 신호이기도 하다. 이제 광고는 단지 브랜드를 알리기 위한 수단이 아니다. 실제 구매를 만들어 내고, 성과를 수치로 보여주는 '전환 시스템'이 되었다. 그리고 그 성과는 지금도 꾸준히 누적되고 있다.

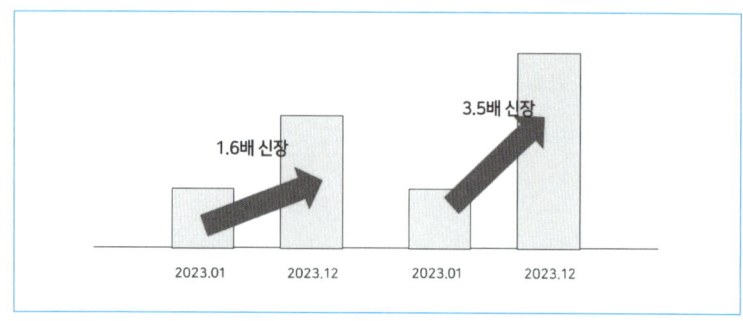

AI 추천 광고 광고주 수, 클릭 수 등 성과 수치
* 이미지 출처: 트렌드M, 리테일 미디어 비즈니스 마케팅 발표 자료

추천 광고, 단순 자동화를 넘어선 전략 도구

SSG.COM의 AI 추천 광고는 자동화 시스템을 넘어서, 고객 여정 데이터를 기반으로 한 전략적 도구, 즉 매출을 정밀하게 설계하는 광고 구조다. 시스템은 고객의 검색, 탐색, 장바구니, 구매 이력 등 다양한 퍼스트파티 데이터를 실시간으로 분석한다. 그리고 전환 가능성이 가장 높은 타이밍에, 가장 설득력 있는 상품을, 가장 효과적인 지면에 배치한다. 이 모든 과정은 사람이 아니라 알고리즘이 판단하고 실행한다. 결과적으로 플랫폼 전체의 광고 참여 기반이 확대되고, 리테일 미디어의 구조적 경쟁력도 함께 강화되고 있다.

결국, 리테일 미디어 경쟁의 핵심은 하나다. 바로 누가 더 정교하게 고객 행동을 예측하고, 가장 적절한 순간에 연결할 수 있는가 하는 것이다. SSG.COM은 이 질문에 대해 AI 추천 광고라는 실전 해

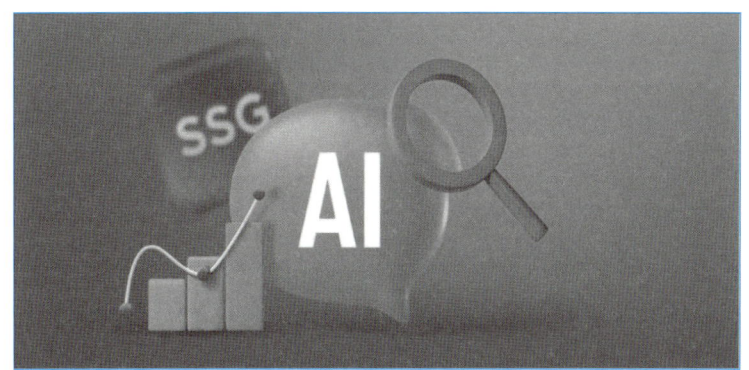

AI 추천 광고 홍보 이미지

* 이미지 출처: SSG.COM 광고 홈

답을 가지고 시장에 먼저 응답한 플랫폼이다. 그리고 지금 이 전략은 SSG.COM의 중요한 경쟁 우위로 작동하고 있다.

> "AI 추천 광고는 단순히 브랜드의 상품을 추천하는 것만은 아니다. 고객의 구매 여정에서 필요로 하는 상품을 적재적소에 추천함으로써 클릭을 유도하고, 구매 전환을 즉각적으로 유도할 수 있도록 설계된 광고 상품이다."

검색에 강한 쿠팡, 광고로도 성공한 이유[13]

RETAIL MEDIA

　쿠팡은 검색, 노출, 전환까지의 전 과정을 하나의 흐름에서 자동화한 광고 시스템을 갖추고 있다. 그리고 이 구조는 그저 기술적 자동화가 아니라, 광고를 플랫폼 핵심 수익 모델로 끌어올린 전략적 설계의 결과다. 쿠팡의 리테일 미디어 전략이 경쟁사들과 가장 다른 점은 광고 시스템이 별도 기능처럼 붙어 있는 것이 아니라, 커머스 플랫폼 자체의 설계 구조에 녹아 있다는 점이다. 즉, 쿠팡은 광고를 따로 설계한 것이 아니라 처음부터 구매를 위한 검색에 포함시켜 광고를 설계한 것이다.

　고객이 쿠팡에서 상품을 검색하면, 그 결과 화면에는 유료 광고 상품과 자연 검색 결과가 함께 배치된다. 하지만 이 배치는 클릭률, 전환율, 구매 이력 등 실시간 데이터를 반영해 자동으로 최적화된다. 광고 상품은 실제로 구매로 이어질 가능성이 높은 위치에 자연스럽게 들어간다. 광고주는 복잡한 설정 없이도 쿠팡의 자동화 시스템에 예산만 입력하면, 알고리즘이 실시간 입찰과 타깃팅을 수행하고, 성과 데이터를 바탕으로 지면 배치와 노출 강도를 자동으로 조정한다. 이처럼 쿠팡은 검색 중심 커머스 플랫폼이라는 본래 강점을 바탕으로, 광고 상품을 구매 여정에 녹여내는 전략을 설계했다. 그래서 광고 효율이 좋을 뿐 아니라, 광고 자체가 플랫폼 내에서 구매를 설계하는 구조로 작동하고 있다.

온라인 플랫폼을 삼킨 광고

쿠팡은 겉으로 보기엔 전형적인 이커머스 플랫폼이다. 하지만 지금의 쿠팡을 움직이는 핵심 수익 축 중 하나는 광고다. 초기에는 고객 경험과 풀필먼트 혁신을 전면에 내세웠다. 로켓배송과 검색 편의성은 분명 쿠팡의 차별화된 무기였지만, 내부에서는 광고 시스템이 단계적으로 구축되고 있었다. 검색 기반 광고 구조, 셀러 전용 광고 운영 도구, 고객 행동 데이터를 반영한 자동 추천 광고 엔진까지, 쿠팡은 유통 플랫폼의 기반 위에 미디어 시스템을 얹은 것이다.

쿠팡은 더 이상 상품을 판매하기만 하는 공간이 아니다. 셀러에게는 구매로 전환 가능한 광고 상품을 제공하는 미디어 플랫폼이며, 광고주는 쿠팡을 통해 노출이 아닌 성과를 구매한다. 쿠팡은 단일 커머스 플랫폼 기준으로 국내 최대 수준의 광고 매출을 올리고 있다. 이는 쿠팡의 광고 상품이 상품성과 효율성, 운영 안정성 측면에서 충분한 신뢰를 획득하고 있다는 방증이기도 하다. 지금은 온라인 플랫폼이 광고를 흡수한 구조를 넘어, 광고가 플랫폼의 핵심 전략으로 자리 잡은 대표 사례로 진화하고 있다.

검색에 강한 쿠팡, 광고에 더 강하다

쿠팡의 리테일 미디어 전략에서 가장 중심에 있는 것은 검색 광고다. 쿠팡 사용자들은 특정 카테고리를 탐색하기보다, 직접적인 상품 키워드 검색을 통해 구매 경로에 진입하는 경우가 많다. 즉, 검색은 단순 탐색이 아니라 구매로 이어지는 입구인 셈이다. 검색 과정에서 노출되는 광고는 셀러가 입찰한 키워드에 기반해 구성되며, 클릭률, 전환율, 상품 경쟁력 등 다양한 실시간 데이터를 바탕으로 알고리즘이 노출 순서를 자동으로 조정한다.

이 구조는 광고주에게 노출 이상의 가치를 제공한다. 쿠팡의 검색 광고 시스템이 가지는 3가지 핵심 이점은 다음과 같다.

□ 명확한 타깃 노출

고객은 이미 구매 의도를 가지고 특정 키워드를 입력한다. 광고는 고객에게 정확히 도달한다.

☐ 구매 전환 기반 과금 구조

CPC 기반이지만, 클릭 이후 실제 구매로 이어지는 비율이 높아 평균 효율이 우수하다.

☐ 자동화된 운영 시스템

광고주는 키워드만 선택하면 되고, 그 외 입찰, 노출 위치, 예산 분배 등은 시스템이 자동으로 최적화한다.

이처럼 쿠팡의 검색 광고 시스템은 고객의 검색 패턴과 구매 행동 데이터를 정밀하게 연결해 광고 퍼포먼스를 실시간으로 최적화

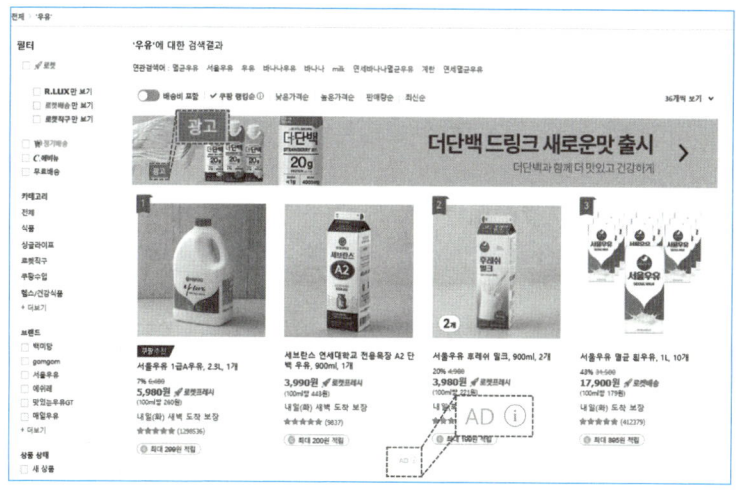

쿠팡 검색 결과 광고 상품

* 이미지 출처: Coupang.com

하는 구조로 설계되어 있다. 이 구조의 강점은 광고 효율이 좋다는 데 그치지 않는다. 광고가 사용자의 구매 흐름에 자연스럽게 녹아들어 있다는 점, 그 흐름을 알고리즘이 자동으로 설계한다는 점에서 쿠팡은 검색에 강한 커머스를 넘어, 검색을 통해 광고 성과를 극대화하는 미디어 플랫폼으로 진화하고 있다.

셀러가 주도하는 광고 생태계

쿠팡의 리테일 미디어 전략에서 특히 주목할 점은 광고 운영에 대한 부담을 최소화하는 설계 철학이다. 광고주가 타깃이나 조건을 복잡하게 설정하지 않아도, 알고리즘이 자동으로 고객 행동 데이터를 분석해 광고를 최적화한다. 이는 광고 전문 인력이 없는 중소형 셀러에게 진입장벽을 낮춰주는 요소로 작용하고 있다. 광고 참여가 쉬워졌다는 점은 곧 광고 상품의 대중화를 의미한다. 과거에는 일정 규모 이상의 브랜드만 광고를 활용할 수 있었다면, 지금은 누구나 광고를 집행하고 성과를 확인할 수 있는 셀프 서브 기반 생태계가 만들어지고 있다.

이 구조에서 핵심 역할을 하는 것이 광고 성과 리포트 시스템이다. 쿠팡은 광고주를 위해 대시보드 형태의 실시간 리포트를 제공하고 있다. 광고주는 별도의 분석 작업 없이도 일별 예산 소진, 클릭 수, 전환율, ROAS 등 핵심 지표를 직관적으로 확인할 수 있다.

이 시스템은 광고주에게 데이터를 보여주는 데서 그치지 않는다. 성과 기반의 예산 운영, 성과가 눈에 보이는 구조에서 비롯되는 반복 집행으로 이어진다. 결과적으로 광고주는 더 많은 예산을 쿠팡에서 집행하고, 플랫폼은 이를 통해 리테일 미디어 수익을 지속적으로 확대해나간다.

광고는 더 이상 큰 브랜드만의 도구가 아니다. 셀러가 광고를 주도하고, 광고 성과가 플랫폼 성장의 엔진이 되는 구조가 쿠팡에서 만들어지고 있다.

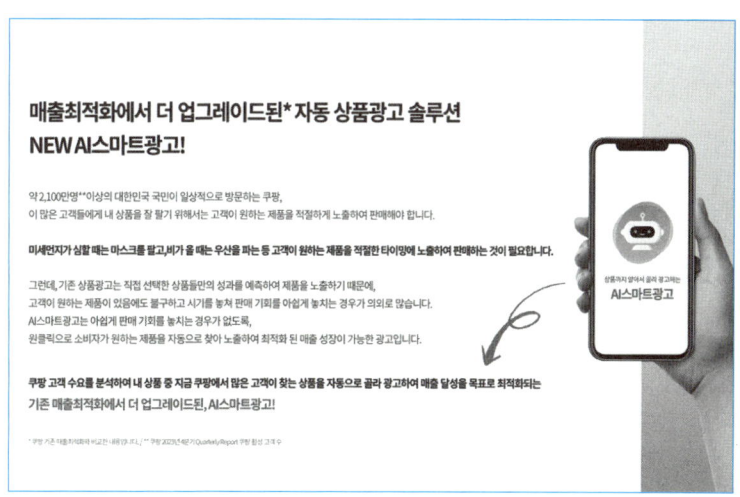

고객 수요를 분석하여 고객이 찾는 상품을 자동으로 골라주는 광고
* 이미지 출처: Coupang 광고 소개서

쿠팡 광고의 실적, 수치가 말한다[14]

이처럼 쿠팡이 광고 수익을 폭발적으로 끌어올릴 수 있었던 배경에는 3가지 구조적 요소가 있다.

첫째, 광고 인벤토리의 확장이다. 쿠팡은 검색 결과 화면, 카테고리 상단, 상세 페이지, 앱 홈 화면 등 고객의 쇼핑 여정 곳곳을 광고 지면으로 전환했다. 배너를 늘린 것이 아니라, 고객의 구매 흐름 안에 광고를 자연스럽게 끼워 넣는 전략이 작동한 것이다.

둘째, 광고 상품 구조의 효율적 설계다. 검색 광고, 자동 타깃팅 광고, 추천 광고 등 다양한 포맷이 CPC 구조로 운영되며, 셀러 입장에서 광고 성과를 정밀하게 예측하고 조정할 수 있도록 설계됐다. 그 결과, 광고 예산 운용의 신뢰도와 반복 집행률이 높아졌다.

셋째, 고객 경험의 최적화다. 쿠팡은 광고가 고객의 탐색을 방해하는 요소가 되지 않도록, 상품 추천이나 관련 제품 제안처럼 보이도록 광고 노출을 설계했다. 이러한 사용자 경험적 접근은 고객 이탈을 줄이는 동시에 광고 전환율을 자연스럽게 끌어올리는 효과를 만들었다. 결국, 쿠팡의 광고 매출은 광고를 많이 보여준 결과가 아니라, 잘 설계된 구조가 반복 성과를 만든 결과다.

숫자는 거짓말하지 않는다. 성과가 쌓이고, 반복되고, 확장될 수 있는 구조를 만든 플랫폼만이 리테일 미디어 수익을 진짜 수익으로 바꿀 수 있다.

광고 인벤토리 확장: 고객의 모든 접점을 광고화

쿠팡은 리테일 미디어 전략의 핵심 중 하나로 광고 인벤토리의 확장을 택했다. 단순히 상품을 보여주는 화면이 아니라, 고객의 클릭이 이뤄지는 모든 지면이 광고 공간으로 전환되고 있다. 카테고리 페이지, 검색 결과 상단, 상품 상세 페이지 하단까지, 고객이 탐색과 비교, 구매 결정을 내리는 여정의 핵심 접점들이 전략적으로 광고 지면으로 활용되고 있다. 과거에는 이러한 노출이 주로 알고리즘 기반 자동 추천에 의존했다면, 이제는 유료화된 광고 인벤토리로 설계되어 광고주의 선택과 입찰에 따라 지면 배치가 결정되는 구조로 진화한 것이다.

이 방식은 광고주에게도 명확한 이점을 제공한다. 광고 위치, 노출 범위, 타깃 상품군을 전략적으로 조정할 수 있고, 광고 효율성과 전환율의 향상으로 이어졌기 때문이다. 특히 쿠팡은 검색을 통한 진입 비중이 높은 플랫폼이기 때문에, 구매 의도가 뚜렷한 순간에 광고가 노출되도록 설계된 점이 큰 강점으로 작용했다. 또한 광고 인벤토리의 고도화는 더 많이 보여주려 하기보다는 고객의 관심사를 기반으로 광고를 정밀하게 필터링해 노출한다는 점에서, 소비자 입장에서도 더 나은 광고 경험으로 받아들여지고 있다.

쿠팡은 광고 트래픽의 구매 전환 효율이 꾸준히 상승했고, 이는 자연스럽게 광고 단가 상승과 광고 수익성 강화로 이어졌다. 광고 인벤토리의 확장은 광고주에게는 성과 기반 지면 전략의 유연성을, 소비자에게는 구매 흐름에 자연스럽게 녹아든 광고 경험을, 플랫폼에는 지속 가능한 수익 모델을 제공한 셈이다.

로켓배송과 와우 멤버십을 활용한 고객 충성도 및 체류 시간 증대

쿠팡의 리테일 미디어 전략은 광고 상품이나 기술에만 기반한 것이 아니다. 로켓배송과 와우 멤버십이라는 두 가지 핵심 서비스는 고객의 체류 시간을 늘리고 광고 효과를 극대화하는 구조를 완성하는 데 결정적인 역할을 했다.

먼저 로켓배송은 고객의 가장 큰 니즈 중 하나인 빠른 배송을 만족시키며, 쇼핑의 즉시성에 대한 기대를 강화했다. 고객은 오늘 주문하면 내일 도착하는 구조에 익숙해졌고, 그에 따라 자연스럽게 쿠팡에 반복적으로 방문한다. 여기에 와우 멤버십은 추가적인 혜택을 제공하면서 충성 고객을 유인하고 유지하는 장치로 작동했다. 정기 배송, 무료 반품, 전용 특가 등은 고객이 쿠팡에서 머무는 시간을 늘리고 사이트 탐색 빈도를 높이는 핵심 요인이다.

이처럼 체류 시간이 길어지고 방문 빈도가 높아지면 고객은 더 많은 광고를 접한다. 이는 광고의 노출 회전율을 자연스럽게 높이고, 클릭과 구매 전환으로 이어지는 경로를 짧게 만든다. 광고를 보이는 데 그치지 않고, 바로 구매로 이어질 가능성을 높이는 구조가 된다. 이러한 환경에서는 같은 광고비로도 더 높은 전환율을 만들 수 있으며, 결과적으로 ROAS도 상승한다.

쿠팡은 고객 경험의 질을 높이면서, 그 경험의 연장선에서 광고 효과까지 자연스럽게 끌어올리는 구조를 설계한 셈이다. 쇼핑 만족도와 광고 성과가 한 흐름에서 맞물리도록 만든 이 전략은 리테일 미디어의 진화가 기술이 아닌, 고객 경험 전체를 설계하는 일이라는 사실을 잘 보여준다.

고객 행동 데이터를 기반으로 한 맞춤형 광고 전략

쿠팡 리테일 미디어의 또 다른 경쟁력은 고객 행동 데이터를 기반으로 한 정교한 타깃팅 시스템에 있다. 쿠팡은 연령대나 성별 같은 인구통계학적 데이터에 의존하는 대신, 고객이 직접 검색한 키워드, 장바구니에 담은 상품, 최근의 구매 이력 등 행동 기반 데이터를 분석해 이 순간 고객이 가장 관심을 가질 만한 광고를 실시간으로 노출한다. 이러한 데이터 활용은 AI 기반 추천 알고리즘과 결합되며 더욱 정교해진다. 시스템은 고객의 행동 패턴과 전환 가능성을 예측해 노출 타이밍, 위치, 메시지까지 자동으로 최적화한다.

그 결과, 광고는 고객에게 광고처럼 보이지 않는 광고로 다가가며 높은 클릭률과 구매 전환율을 만들어낸다. 광고주 입장에서도 이 구조는 매우 매력적이다. 불필요한 예산 낭비 없이 실제로 관심 있는 고객에게만 광고를 노출할 수 있기 때문이다. 이는 마케팅 효율을 높이는 동시에, 광고비 집행의 반복성과 예산 투입의 확신으로 이어진다. 이렇게 고객 맞춤형 광고의 정밀도를 끌어올림으로써, 단기적인 클릭 유도에 그치지 않고 광고 수익을 지속적으로 확대할 수 있는 기반을 구축했다. 그리고 이 구조는 지금도 실시간으로 학습되면서 더욱 정교해지고 있다. 쿠팡은 리테일 미디어를 통해 고객을 더 잘 아는 플랫폼이 어떻게 광고의 성과를 증폭시키는지 가장 설득력 있는 방식으로 증명해냈다.

2가지 효과: 단가 대비 높은 전환율, 안정적인 수익 성장

쿠팡의 리테일 미디어 구조는 광고주와 플랫폼에 2가지 핵심 효과를 동시에 제공한다.

첫째, 단가 대비 높은 구매 전환율이다. 쿠팡의 광고는 고객의 구매 의도가 극대화된 시점, 검색 후 비교 단계, 결제 직전 순간에 집중적으로 노출된다. 이러한 타이밍의 정밀함은 실제 구매로 이어질 가능성을 높여준다. 광고주는 낮은 클릭률보다 높은 구매 전환율을 중시하면서, 쿠팡은 성과 중심의 광고 구조로 광고주 신뢰를 확보한다.

둘째는 플랫폼 입장에서의 수익 안정성이다. 쿠팡은 검색 광고, 추천 광고, 배너 광고 등 다양한 포맷의 광고 상품을 체계적으로 운영하면서 광고 수익을 유연하게 확장할 수 있는 구조를 마련했다. 이는 광고주가 규모나 목적에 따라 상품을 선택할 수 있도록 하여 광고에 참여하는 폭을 넓히는 동시에, 플랫폼의 수익 구조를 다각화하고 안정화시키는 기반이 되었다.

결과적으로, 쿠팡은 단기적 효율성과 장기적 지속 가능성을 동시에 확보한 구조를 완성한 셈이다. 광고 단가만 높인 구조가 아니라, 광고의 효율이 입증되고 수익이 반복되는 구조를 설계한 것이다.

쿠팡 광고 모델의 경쟁력은 '자기 완결형 구조'

쿠팡 리테일 미디어의 가장 본질적인 경쟁력은 외부에 의존하지 않는 '자기 완결형 구조'에 있다. 쿠팡에서 고객은 검색을 시작으로, 상품 노출을 확인하고, 구매를 결정하고, 배송까지 완료한다. 이 모든 과정이 하나의 플랫폼에서 이뤄진다. 이는 쇼핑의 편의성 이상을 의미한다. 검색-노출-전환-이탈-재방문까지의 전체 여정이 데이터로 수집되고, 그 데이터가 다시 광고 전략에 직접적으로 활용되는 구조라는 점에서 리테일 미디어의 본질에 가장 가까운 모델이다. 이 구조는 광고주에게도 분명한 가치를 제공한다. 구매로 이어지는 트래픽이 외부에 흩어져 있지 않고 하나의 시스템에서 관리된다는 것은 성과가 예측 가능하다는 뜻이다. 그러면서 광고는 '보이는 것'이 아니라 실제로 전환되는 흐름에 놓인다.

반대로 플랫폼 입장에서도 광고는 수익원 이상의 가치다. 쿠팡은 광고를 통해 셀러의 경쟁력을 끌어올리고, 상품의 노출 기회를 확대하며, 고객에게 더 정교한 쇼핑 경험을 제공할 수 있도록 하는 전략 도구로 활용하고 있다.

쿠팡의 리테일 미디어는 하나의 생태계 안에서 광고, 판매, 데이터, 물류가 유기적으로 연결되는 완결형 플랫폼 전략을 대표하는 사례. 리테일 미디어가 진짜 힘을 발휘할 수 있는 곳은 구매 전환 가능한 고객이 내부에 존재하는 플랫폼이다.

광고주, 브랜드의 비즈니스 목표에 따라 광고 상품 선택

* 이미지 출처: Coupang 광고 소개서

모두에게 매력적인 쿠팡의 추천 광고

쿠팡 리테일 미디어의 경쟁력은 광고 기술에만 있지 않다. 그 핵심은 구매 전환 가능한 트래픽이 플랫폼 내부에 존재한다는 구조에 있다. 고객은 쿠팡에서 검색하고, 상품을 탐색하며, 구매하고, 배송

까지 받는다. 검색부터 결제까지의 여정 전체가 하나의 플랫폼 안에서 이뤄지기 때문에, 쿠팡은 고객의 행동 전반을 정밀하게 수집할 수 있고 이를 기반으로 구매 전환 가능성이 높은 순간에 광고를 자동으로 노출할 수 있다.

이렇게 수집된 퍼스트파티 데이터는 리테일 미디어의 핵심 자산이 된다. 고객의 구매 의도와 행동 패턴을 실시간으로 예측하고, 그에 맞는 광고를 노출함으로써 성과 중심의 효율적인 광고 집행이 가능해진다. 바로 이 점이 쿠팡이 외부 매체에 의존하지 않고도 자체 데이터만으로 광고 수익화를 극대화할 수 있는 이유다.

광고주 입장에서 쿠팡의 구조는 매우 매력적이다. 전환까지의 고객 여정이 쿠팡 내부에서 이뤄지기 때문에, 광고가 어디서, 어떻게 전환되었는지 명확히 추적할 수 있고, 이를 기반으로 성과 예측과 예산 운영의 정밀도를 확보할 수 있다. 또한 쿠팡은 실시간 리포트와 성과 분석 도구를 통해 광고주가 예산을 자율적으로 조정하고, 성과에 따라 캠페인을 유연하게 운영할 수 있는 환경을 제공한다.

하지만 쿠팡의 리테일 미디어는 광고주만을 위한 도구가 아니다. 중소 셀러의 상품 경쟁력을 높이고, 고객에게 더 나은 구매 경험을 제공하는 전략적 자산이기도 하다. 쿠팡의 추천 광고 시스템은 알고리즘 기반 자동화 구조를 통해 셀러가 따로 마케팅 전문 인력을 두지 않고도 성과 기반 광고를 실행할 수 있도록 설계되어 있다. 이는 셀러의 진입장벽을 낮추고, 상품 노출 기회를 확대하며, 결과적으로 플랫폼 내 전체 상품의 경쟁력을 끌어올리는 선순환을 만든다.

쿠팡은 광고를 판매 수단으로만 보지 않는다. 광고 그 자체를 플랫폼 전략의 한 축으로 끌어 올린 구조를 통해, 유통과 미디어의 경계를 다시 쓰고 있다. 쿠팡의 추천 광고는 자동화를 넘어 리테일 미디어의 미래를 재정의하는 전략적 도구이기도 하다. 쿠팡의 리테일 미디어 전략은 광고를 잘하는 유통사로 자리 잡는 데 그치지 않는다. 유통이라는 본질을 중심에 두고 그 위에 광고 플랫폼을 정교하게 설계해서, 검색부터 배송까지 구매 전환 가능한 트래픽, 정교한 알고리즘 기반의 자동화, 셀러 친화적인 진입 구조, 성과 중심의 리포트 체계 등의 모든 요소를 유기적으로 결합한다. 그 결과, 광고 수익을 창출하고, 고객 경험을 최적화하며, 플랫폼 성장을 동시에 견인하는 엔진으로 작동하고 있다. 이러한 구조는 쿠팡을 국내 광고 시장의 흐름을 변화시키는 주요 플레이어로 만들었다.

리테일 미디어의 핵심은 명확하다. 내부 트래픽과 데이터를 기반으로 광고 성과를 예측하고 최적화하는 시스템을 갖추는 것이다. 쿠팡은 이 조건을 누구보다 빠르게 충족시켰고, 이제는 광고 상품을 유통 플랫폼 성장의 전략적 중심축으로 활용하고 있다. 기존의 전통적인 광고 모델을 넘어서, 새로운 광고 환경을 선도하는 플랫폼으로서 확고히 위치를 다지고 있다.

포털에서 커머스로, 네이버식 광고의 진화

RETAIL MEDIA

    네이버는 국내 대표 포털이자 검색 광고의 강자다. 오랜 기간 쌓아온 검색 광고 최적화 역량과 데이터 운영 노하우는 리테일 미디어의 핵심 구성 요소와 맞닿아 있다. 하지만 네이버는 단지 검색 광고를 잘하는 포털이 아니다. 최근 몇 년 사이에 그 광고 역량을 커머스 영역으로 전략적으로 확장하면서, 광고에서 출발해 커머스를 흡수한 구조를 완성하고 있다. 네이버쇼핑, 브랜드스토어, 스마트스토어 등 자체 커머스 생태계를 중심으로, 광고와 구매가 하나의 흐름에서 연결되는 구조가 본격적으로 구현되고 있다.

    검색 결과에서 자연스럽게 상품을 탐색하고, 클릭 몇 번 만에 구매로까지 이어지는 이 과정은 광고주에게는 성과 기반의 광고 환경을, 소비자에게는 거슬림 없는 구매 경험을 제공한다. 이 장에서는 네이버가 어떻게 검색 기반 퍼포먼스 광고의 노하우를 커머스에 접목했는지, 그리고 광고가 쇼핑 안에서 어떤 방식으로 설계되고 작동하는지 구체적인 구조와 사례를 중심으로 살펴본다. 핵심은 브랜드 입장에서 가장 밀착된 순간 '검색'과 '쇼핑'이 어떻게 결합되었는가 하는 것이다. 그 해답이 네이버식 리테일 미디어 전략의 정체성이다.

검색 포털에서 커머스 미디어로 확장된 네이버

네이버는 오랫동안 검색 광고 플랫폼의 대표주자로 자리매김했다. 하지만 최근 몇 년 사이에 이 정체성은 뚜렷하게 바뀌고 있다.

네이버 쇼핑앱, 플러스스토어 론칭[15]

* 이미지출처 : 네이버

검색과 쇼핑의 경계가 흐려지면서, 네이버는 정보 탐색 포털을 넘어 커머스 기반 리테일 미디어 플랫폼으로 전환하고 있다. 이 구조 안에서 고객은 더 이상 정보만 검색하지 않는다. 이제 검색은 구매 의도가 결합된 행동이며, 검색 결과 페이지에는 상품과 광고가 함께 배치된다. 이 변화는 광고주의 관점에서 매우 큰 전환점을 의미한다. 고객의 구매 전환과 가장 가까운 지점, 즉 검색창과 그 결과 영역에서 바로 광고를 운영할 수 있는 구조이기 때문이다. 네이버는 이 지점을 정교하게 설계함으로써 성과 중심 퍼포먼스 광고의 중심 축을 검색에 두고, 이를 커머스 구조에 자연스럽게 통합시키는 데 성공했다.

구매 여정에 밀착된 광고 모델

네이버의 쇼핑 검색 광고는 현재 리테일 미디어 영역에서 가장 대표적인 광고 상품 중 하나다. 무엇보다 이 광고 모델은 고객의 구매 여정에 직접적으로 밀착되어 있다는 점에서 그 전략적 가치가 분명하다. 고객이 특정 상품 키워드를 검색할 때, 광고주가 입찰한 상품이 검색 결과의 최상단에 노출된다.

중요한 건, 이 광고가 단순한 텍스트형 검색 광고와는 다르다는 점이다. 상품의 이미지, 가격, 리뷰, 배송 조건 등 실제 구매를 유도하는 전환 요소들이 함께 배치되어 있어 클릭률은 물론 구매 전환율 또한 매우 높다. 이 광고는 고객에게는 정보처럼 보이지만 실제로는 광고와 상품이 하나로 결합된 커머스 지면이며, 광고주 입장에서는 성과 중심 마케팅이 가능한 정교한 인벤토리가 된다. 네이버의 쇼핑 검색 광고는 검색이라는 가장 일상적인 행동에 광고와 커머스를 유기적으로 엮어낸 구조이며, 리테일 미디어 플랫폼의 본질인 고객 행동 중심의 광고 설계를 가장 잘 보여주는 모델이라 할 수 있다.

고객의 구매 의도와 직접 연결된 검색

네이버 쇼핑 검색 광고의 가장 큰 강점은 고객의 구매 의도와 직접 연결된다는 점이다. 고객은 정보만 탐색하는 것이 아니라, 이미 구매를 고려한 상태에서 구체적인 상품명이나 키워드로 검색을 시작한다. 이 순간이 구매 전환 가능성이 가장 높은 타이밍이며, 네이버는 바로 이 지점에서 광고주의 상품을 노출시킨다. 이러한 구조는 광고가 단순히 노출되는 데서 끝나지 않고, 클릭 이후 바로 구매 행동으로 이어지는 연결 고리 역할을 한다. 광고주는 자신이 원하는 키워드에 입찰함으로써 고객의 니즈가 명확한 순간에 광고를 도달시키고, 이를 통해 성과 기반 퍼포먼스 광고 모델을 실현할 수 있다.

네이버의 쇼핑 검색 광고는 고객의 검색 행동을 광고의 순간으로 전환시킨 구조이며, 이는 리테일 미디어에서 가장 중요한, 광고의 정확한 타이밍 설계를 보여준다.

방대한 트래픽 기반의 고효율 노출

네이버의 또 다른 강점은 국내 최대 수준의 검색 트래픽을 기반으로 한 광고 노출력에 있다. 네이버는 한국에서 가장 많은 사용자와 방문자를 확보한 포털로, 매일 수억 건에 달하는 검색이 이뤄진다. 광고주 입장에서는 이 거대한 검색 트래픽 위에서 더 많은 고객에게, 더 빠르게 도달할 수 있는 기회를 얻을 수 있다. 특히 고객이 특정 상품을 검색하는 순간 광고는 검색 결과의 상단에 노출되며, 이미지, 가격, 리뷰 정보와 함께 가시성과 주목도를 동시에 확보한다. 이러한 구조는 많이 보여주기만 하는 것이 아니라, 노출돼야 할 순간에, 가장 보이기 좋은 위치에 광고를 도달하게 한다.

결국 네이버의 방대한 검색 트래픽은 양적인 규모뿐 아니라 광고 효율성과 전환율을 끌어올리는 기반 인프라 역할을 하는 셈이다.

상품 중심의 시각적 광고 형식

네이버 쇼핑 검색 광고의 또 다른 강점은 상품 중심의 시각적 광고 형식을 제공한다는 점이다. 텍스트 링크뿐 아니라, 섬네일 이미지, 가격, 평점, 혜택 정보 등 상품 탐색에 필요한 주요 정보가 시각적으로 구성된 형태로 노출된다. 고객 입장에서는 이미지를 보고 상품을 직관적으로 인지하는 동시에 가격과 평점 등 비교 요소를 한눈에 확인할 수 있기 때문에, 구매 결정에 걸리는 시간이 짧아지고 구매 전환 가능성은 더욱 높아진다. 이는 광고가 정보 노출이라기보다는 고객의 상품 탐색 과정에 자연스럽게 녹아든다는 점에서 광고와 콘텐츠, 쇼핑이 하나의 경험으로 연결되는 구조다.

이렇듯 네이버의 시각 중심 광고 형식은 고객에게는 빠른 결정을 가능하게 하는 사용자 경험을, 광고주에게는 높은 전환율이라는 실질적 성과를 동시에 제공한다.

스마트스토어, 브랜드스토어와의 내부 연동성

네이버의 쇼핑 검색 광고는 스마트스토어와 브랜드스토어와의 내부 연동성을 핵심 경쟁력으로 지니고 있다. 이런 연동성 덕분에 광고는 네이버 쇼핑 내 다양한 서비스와 유기적으로 연결되며, 광고주와 고객 모두에게 더 큰 가치를 제공한다.

예를 들어, 고객이 쇼핑 검색 광고를 클릭해 스마트스토어로 유입되면, 한 상품에만 머무르지 않고 스토어의 전체 상품을 탐색하거나, 리뷰·기획전·다른 카테고리로 이동하기가 매우 쉽다. 이는 자연스럽게 구매 유도와 체류 시간 증가로 이어지고, 광고 성과를 더 넓은 범위로 확장하는 효과를 낳는다.

브랜드스토어와의 연동 또한 매우 전략적이다. 검색 광고에서 노출된 상품은 해당 브랜드의 전용 페이지로 연결되며, 고객은 브랜드 전체의 세계관과 상품 라인업을 한눈에 경험한다. 이는 곧 브랜드 인지도 제고와 매출 증대라는 2가지 목표를 동시에 달성하는 구조다. 이렇듯 네이버의 쇼핑 검색 광고는 검색 기반 퍼포먼스 마케팅의 연장선이자, 플랫폼 내부의 전환을 정교하게 설계한 리테일 미디어 구조로 평가할 수 있다.

고객은 검색하는 과정에서 전환 가능성이 높은 상품을 자연스럽게 마주치고, 광고주는 이러한 구조 덕분에 성과 예측 가능성과 높은 전환율을 확보할 수 있다. 상품 기반 광고와 고객 행동의 유기적 연결이 네이버의 쇼핑 검색 광고가 리테일 미디어의 본질을 가장 완성도 높게 구현한 광고 상품으로 평가받는 이유다.

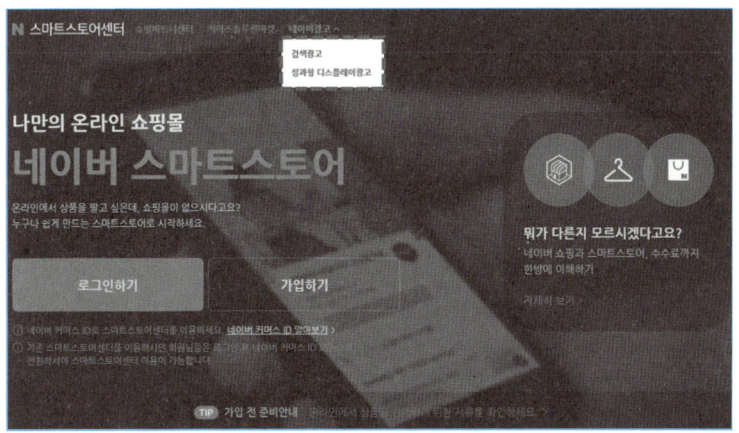

네이버 스마트스토어 센터

* 이미지 출처: 네이버

네이버 쇼핑 생태계의 광고 구조화

네이버는 광고 슬롯을 판매하는 수준을 넘어, 쇼핑 생태계 전반을 미디어화하는 전략을 전개하고 있다. 광고, 콘텐츠, 상품 노출, 검색 결과가 유기적으로 연결되는 구조를 통해 광고주와 소비자 모두에게 새로운 경험을 제공하고 있다.

네이버는 다양한 광고 상품을 운영 중이다. 브랜드스토어, 기획전, 라이브커머스, 콘텐츠커머스, 브랜드 검색, 스마트스토어 광고 등 각각의 상품은 고객의 구매 여정에 맞춰 최적화된 기능을 갖고 있다.

- 브랜드스토어 / 기획전: 브랜드 혹은 특정 제품군에 대해 집중 노출 효과를 제공하며, 브랜드 이미지 강화와 전환 유도를 동시에 수행한다.
- 라이브커머스: 실시간 상호작용을 통해 신뢰를 구축하고, 현장감 있는 판매 전환을 만들어낸다.
- 콘텐츠커머스: 정보 제공과 브랜드 메시지를 결합하여, 고객이 광고로 인식하지 않고 자연스럽게 상품에 관심을 갖도록 유도한다.

이러한 광고 상품은 상품 노출→검색 결과→콘텐츠 소비→구매 전환까지 고객의 행동 흐름에 따라 끊기지 않고 연결되도록 설계되어 있다. 고객이 상품을 검색하면 검색 결과 상단에 광고가 노출되고, 클릭한 고객은 상세 페이지나 브랜드스토어로 이동해서 다른 상품을 탐색하거나 즉시 구매까지 이어지는 구조다. 결국 네이버는 광고를 단순 노출이 아닌, 콘텐츠, 플랫폼 기능, 고객 경험 전반과 융합된 구조로 설계함으로써 쇼핑 전체를 하나의 리테일 미디어 생태계로 진화시키고 있는 것이다.

광고주 입장에서 가장 중요한 점은 광고가 플랫폼 안의 단절된 공간에 머물지 않는다는 것이다. 네이버의 리테일 미디어는 검색→상품 탐색→상세 페이지 유입→구매 결정이라는 고객의 전체 여정에 광고를 유기적으로 배치하고 있다. 이러한 구조는 광고를 노출하는 데 그치지 않는다. 고객의 구매 행동을 구체적으로 지원하고, 직접적으로 구매 전환을 유도하도록 설계된 시스템이다.

- 고객이 검색을 시작하는 순간에는 검색 광고가 노출된다.
- 브랜드스토어나 기획전에서는 상품을 추천한다.
- 라이브커머스에서는 실시간으로 상품의 가치를 설명한다.
- 브랜드 검색 광고는 브랜드에 대한 인지와 구매 의도를 자극한다.
- 이 모든 경험은 다시 상세 페이지와 스마트스토어로 끊기지

않고 연결된다.

광고는 고객의 여정 한가운데서 탐색, 비교, 결정을 돕는 콘텐츠이자 구매 행동을 유도하는 인프라가 된다. 이처럼 네이버의 리테일 미디어는 광고를 플랫폼 구조에 자연스럽게 녹여내며, 성과 중심의 마케팅이 가능한 환경을 만들어가고 있다. 광고가 쇼핑이고 쇼핑이 곧 광고가 되는 구조는 네이버가 만들어낸 커머스 미디어의 진화된 형태다. 이처럼 유기적으로 연결된 광고 구조는 효율뿐 아니라 전략적 가치를 창출한다.

네이버의 광고는 브랜드 경험의 연장선상에 있다. 이는 브랜드가 소비자에게 메시지를 전할 뿐 아니라, 브랜드의 이야기와 가치를 고객이 경험하도록 설계된 구조라는 뜻이다. 광고는 더 이상 일방적인 설득의 도구가 아니다. 브랜드와 고객 간의 상호작용이 일어나는 참여의 공간이자, 관계를 강화하는 감각적 접점이다.

네이버는 리테일 미디어를 광고 슬롯 판매가 아닌, 브랜드와 소비자를 연결하는 경험 기반의 전략 자산으로 발전시키고 있다. 그 결과, 광고주는 성과 중심의 퍼포먼스를 실현하면서도 브랜드 인지도와 고객 신뢰를 쌓는 2중의 효과를 얻는다. 광고가 곧 브랜드 경험이고 브랜드 경험이 바로 전환으로 이어지는 시대에, 네이버는 그 구조를 가장 완성도 있게 구현하고 있다.

광고주 중심의 고도화된 시스템

네이버는 광고주를 위한 데이터 기반 운영 시스템을 지속적으로 고도화하고 있다. 광고 센터와 통합 리포트 시스템을 통해 ROAS, 클릭률, 전환율, 장바구니 전환율 등 핵심 성과 지표를 실시간으로 제공하고 있으며, 광고주는 이를 바탕으로 예산 배분과 전략 조정이 가능하다. 또한 네이버 디스플레이 광고, 브랜딩 캠페인, 브랜드 서치 광고 등과의 연동 기능도 강화되어, 브랜드 인지도 확보부터 구매 전환 중심의 퍼포먼스 광고까지 하나의 통합 구조 안에서 마케팅을 운용할 수 있는 환경이 마련됐다.

최근에는 AI 기반 예측 모델이 도입되며 광고 운영의 자동화 수준도 크게 향상됐다. 추천 상품 자동 노출, 키워드 자동 입찰, 최적 입찰가 제안 등 성과에 기반한 알고리즘이 적용되어 광고주가 정교하고 효율적인 캠페인을 자동으로 운영할 수 있도록 지원하고 있다. 네이버는 광고주의 운영 리소스를 줄이는 동시에 성과를 높이는 방향으로 광고 생태계를 구조화하고 있으며, 이는 리테일 미디어의 미래가 판매 채널이 아니라 자동화된 전략 시스템이라는 방향성을 잘 보여준다.

이커머스 광고 전략의 실험실

네이버의 리테일 미디어 전략은 검색 결과에 상품을 노출하는 데 그치지 않는다. 검색에 기반한 고객 의도에 대한 해석력, 커머스 플랫폼으로서의 판매 전환력, 브랜드와 셀러를 위한 운영 시스템과 리포트 체계, 쇼핑 콘텐츠 생태계와의 결합력까지 아우르는 복합적인 플랫폼 전략이다.

네이버는 포털에서 커머스로, 커머스에서 다시 미디어로 자연스럽게 확장하며, 리테일 미디어의 가능성을 국내에서 가장 기술적이고 혁신적으로 구현한 플랫폼 중 하나로 자리매김하고 있다. 그 중심에 고객 의도에 대한 해석력이 자리하고 있다. 고객이 검색창에 입력하는 단어는 정보 탐색만이 아니라, 구체적인 구매 의도가 담긴 실시간 행동 데이터다. 네이버는 이를 정교하게 분석해 가장 적절한 상품을, 가장 설득력 있는 타이밍에 노출한다. 클릭을 유도하기만 하는 광고가 아니라 구매 전환을 위해 설계된 흐름이며, 고객에게는 편리한 탐색 경험을, 광고주에게는 성과 기반 마케팅의 정밀한 무기를 제공한다.

네이버는 이커머스 광고 전략의 실험실이자 최전선으로서 리테일 미디어의 진화를 이끌고 있다. 검색 기반 커머스 플랫폼으로서 상품 검색 후 구매로 이어지는 과정을 광고 시스템 안에 유기적으로 설계하여, 고객에게는 자연스러운 구매 경험을 제공하고 광고주에게는 성과 중심의 효율적 광고 집행 환경을 가능하게 만든다.

네이버의 광고 운영 시스템과 리포트 구조는 광고주에게 정밀한 데이터를 실시간으로 제공한다. ROAS, 클릭률, 구매 전환율 등 주요 성과 지표를 즉시 확인할 수 있어, 광고주는 캠페인 효율성을 빠르게 분석하고 전략을 유연하게 수정할 수 있다. 또한 브랜드와 셀러의 목적에 맞춘 맞춤형 리포트는 전략 수립의 방향성을 제시하며, 목표 기반 광고 최적화를 실현하는 데 중요한 역할을 한다.

네이버의 리테일 미디어는 브랜드에는 광고 효율성을 높이는 기회를, 셀러에게는 판매 전환을 촉진하는 실질적인 전략 도구를 제공한다. 이처럼 광고는 데이터에 기반해 고객의 구매 여정을 이해하고 브랜드 경험 전체를 설계하는 전략적 수단으로 진화하고 있다. 네이버는 광고 시스템, 운영 구조, 리포트 설계 전반에서 그 진화를 가장 정교하게 구현한 플랫폼 중 하나다.

네이버 리테일 미디어 전략의 가장 큰 특징 중 하나는 쇼핑 콘텐츠 생태계와의 긴밀한 결합이다. 콘텐츠커머스, 브랜드스토어, 기획전, 라이브커머스 등 다양한 형태의 쇼핑 콘텐츠와 광고 상품이 유기적으로 연결되며, 고객의 관심과 행동을 기반으로 광고 경험이 콘텐츠 안에 녹아들도록 설계되어 있다. 라이브커머스는 실시간 상품 소개와 고객과의 상호작용을 통해 정보를 전달할 뿐 아니라 브랜드와의 관계를 강화한다. 기획전과 브랜드스토어에서는 브랜드 콘텐츠가 광고와 자연스럽게 결합되어, 고객의 관심사와 연결되고 탐색을 유도한다. 콘텐츠커머스는 정보 제공과 구매 유인을 함께 담아 고객의 구매 여정을 자연스럽게 이어주는 접점이 된다.

　네이버는 광고를 브랜드 경험 설계의 일부로 전환하고 있다. 고객은 콘텐츠를 소비하며 브랜드를 경험하고, 구매로 이어지는 흐름은 한층 더 매끄러워진다. 네이버의 리테일 미디어 전략을 이해하면, 광고는 더 이상 캠페인의 일부가 아니라 전체 고객 경험을 설계하는 전략적 시야로 확장된다는 것을 알 수 있다. 검색 의도→상품 탐색→상세 페이지 유입→구매 결정이라는 고객 여정 전체가 플랫폼 내에서 설계되고, 광고는 그 여정에서 정보, 콘텐츠, 전환을 유기적으로 연결하는 역할을 수행한다. 이렇듯 네이버는 리테일 미디어를 고객 경험 설계 플랫폼으로 확장하고 있으며, 광고주에게는 브랜드 인지도와 전환을 동시에 확보할 수 있는 통합 마케팅 솔루션을 제공하고 있다.

오프라인 유통 3사, 이제는 광고 플랫폼이다

RETAIL MEDIA

이제 오프라인 유통 강자들도 매장, 고객, 데이터를 모두 미디어 자산으로 전환하고 있다. 신세계, 롯데, 현대백화점그룹은 전통적인 오프라인 채널을 보유한 유통기업이지만, 지금은 이 공간을 판매 지점뿐 아니라, 광고 인벤토리이자 데이터 기반 전환 플랫폼으로 새롭게 정의하고 있다. 고객 동선을 따라 설계된 디지털 사이니지, 오프라인과 앱을 연계한 실시간 타깃팅, 신세계포인트, 엘포인트, 에이치포인트 등 멤버십 데이터를 활용한 정밀 마케팅 등, 모든 전략은 결국 오프라인 공간을 디지털 미디어처럼 작동하게 만드는 실험이다.

이 장에서는 신세계, 롯데유통군, 현대백화점그룹의 세 유통 그룹이 어떻게 자신만의 방식으로 리테일 미디어를 구축하고 있는지, 그리고 그 전략이 디지털화에 그치지 않고 비즈니스 모델의 전환으로 이어지고 있는지 살펴본다.

오프라인 미디어화는 통합에서 출발한다

국내 주요 유통기업은 이커머스 중심 플랫폼과는 전혀 다른 방식으로 리테일 미디어 전략을 전개하고 있다. 그 차별점은 명확하다. 유통기업은 오프라인 접점과 실질적인 고객 데이터를 동시에 보유하고 있다는 점이다. 백화점, 대형 마트, 편의점, 면세점 등 다양한 오프라인 채널은 고정된 유동 트래픽을 기반으로 한 강력한 광고 자산이며, 이 자산은 공간 이상의 가치가 있다. 문제는 어떻게 보여줄 것인가가 아니다. 그 공간에 모이는 고객 데이터를 어떻게 수집하고, 이를 온라인 광고 상품 및 캠페인 구조와 유기적으로 어떻게 연결하느냐가 각 유통기업의 리테일 미디어 전략의 핵심이 되었다.

신세계, 롯데, 현대백화점그룹 모두 오프라인의 물리적 강점과 디지털 광고의 전환 구조를 어떻게 결합할지 실험을 시작했다. 리테일 미디어의 본질은 구매 전환 가능한 트래픽이다. 오프라인 유통이 미디어가 되기 위해선 이 트래픽을 어떻게 측정하고 연결하며 설계할 것인지 정교한 전략이 필요하다. 그리고 첫 출발점은 채널과 데이터를 하나로 통합하는 것이다.

신세계그룹, 모든 공간이 광고가 된다

신세계는 백화점, 이마트, SSG.COM, 지마켓, W컨셉 등 다채로운 리테일 브랜드 포트폴리오를 하나의 미디어 네트워크로 확장하고 있다. 오프라인에서는 백화점과 대형 마트라는 강력한 유동 트래픽 채널을, 온라인에서는 SSG.COM, 지마켓, W컨셉 등 다양한 커머스 플랫폼을 통해 온·오프라인이 연결된 광고 전환 구조를 만들고 있다. 특히 SSG.COM은 리테일 미디어의 기술적 실험실의 역할이 크다. AI 추천 광고와 검색 광고를 중심으로 고객 행동 데이터를 기반으로 한 자동화 광고 상품을 정교하게 운영하고 있으며, 클릭률·전환율·ROAS 데이터를 기반으로 한 실시간 성과 분석이 가능하다. 광고주는 시스템에 예산만 입력하면, 광고 상품 노출·전환 분석·성과 리포팅까지 자동화된 구조 덕분에 성과 중심의 캠페인을 손쉽게 운영할 수 있다.

이처럼 신세계는 각 브랜드의 유통 채널을 판매 공간을 넘어 고객 데이터가 흐르는 미디어 인프라로 전환하고 있으며, 이를 통해 리테일 미디어의 입체적 확장을 시도하고 있다. 결국 신세계그룹은 '어떤 브랜드가 어디에 있든, 그 공간은 광고가 될 수 있다'라는 전략을 리테일 전 영역에서 구현하고 있는 셈이다.

지마켓

지마켓은 AI 기반 추천 광고와 검색 광고를 중심으로 고객 맞춤형 리테일 미디어 전략을 고도화하고 있다. 핵심은 AI 매출업과 검색 광고의 유기적 결합이다. AI 매출업은 지마켓을 대표하는 AI 추천 광고 상품으로, 고객의 구매 이력, 검색 패턴, 장바구니 내역 등을 실시간 분석하여 가장 관련성 높은 상품을 자동으로 노출시킨다. 이는 고객에게 개인화된 쇼핑 경험을 제공하고, 광고 구매 전환율을 극대화한다. 반면, 검색 광고는 고객이 가장 명확한 구매 의도를 드러내는 시점, 즉 상품을 직접 검색하는 순간에 검색 결과 상단에 광고를 노출시켜 즉각적인 전환을 유도한다.

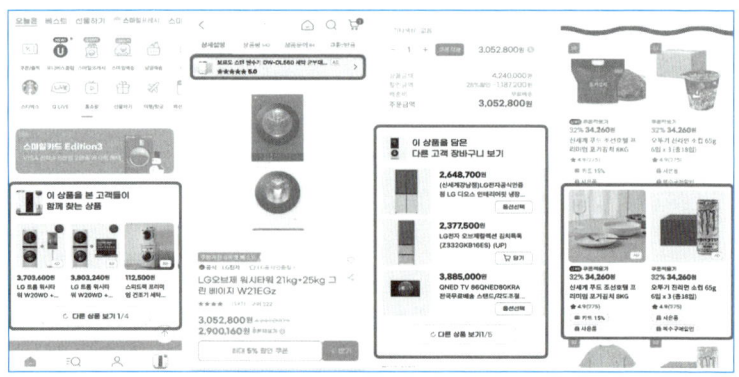

구매율이 높은 내외부 지면에 노출해주는 고효율 초개인화 광고 상품
* 이미지 출처: 지마켓 광고 홈페이지

지마켓은 이 두 광고 상품을 상호 보완적으로 설계했다. AI 매출업이 고객에게 자연스럽고 반복적인 노출을 유도한다면, 검색 광고는 즉시 구매로 전환 가능한 순간을 정밀 타깃팅한다. 두 상품은 함께 작동하며 고객의 탐색→구매 전환이라는 흐름을 빈틈없이 설계한다.

또한 지마켓은 애드테크(ADtech) 기업과의 협업을 통해 오프사이트 리타깃팅 광고 영역까지 전략을 확장하고 있다. 예를 들어, 고객이 지마켓에서 특정 상품을 검색하거나 장바구니에 담으면 이 정보는 애드테크 네트워크를 통해 외부 웹사이트나 앱에서도 해당 상품의 광고가 다시 노출되는 식이다. 이 방식은 구매 유예 고객에게 반복적으로 노출함으로써 구매 전환율을 높이는 데 효과적이다.

결과적으로 지마켓은 플랫폼 내부에서의 개인화+플랫폼 외부에서의 리타깃팅이라는 2중 전략을 통해, 리테일 미디어의 범위와 깊이를 동시에 확장하고 있다.

SSG.COM의 온라인 광고 상품 고도화

SSG.COM은 온라인 광고 상품의 체계화를 통해 리테일 미디어 전략을 구조적으로 고도화하고 있다. 핵심은 AI 추천 광고와 검색 광고가 서로 다른 고객 행동 단계에서 작동하며, 함께 결합될 때 광고 전환 구조를 가장 효율적으로 완성한다는 것이다. 개인화(추천)

와 타이밍(검색)의 균형 구조를 통해 플랫폼 내 광고 효과를 지속적으로 개선하고 있다. 한편, 최근에는 신세계그룹 전체가 이마트, 지마켓, SSG.COM 등 계열사를 중심으로 리테일 미디어 유기적으로 연결시키기 위해 온·오프라인 채널 전반의 광고 상품 연계와 전략적 통합을 본격화하고 있다. 이는 단일 플랫폼이 아닌 그룹 전체를 하나의 미디어 네트워크로 전환하려는 움직임이라 할 수 있다.

오프라인 공간의 미디어화

신세계그룹은 오프라인 공간을 유통 채널뿐 아니라 광고 미디어

스타필드 코엑스 LED 미디어월 & LCD 기둥
* 이미지 출처: 이데일리뉴스

로 재정의하고 있다. 특히 신세계백화점, 스타필드, 프리미엄아울렛 등 대형 리테일 공간을 활용해 다양한 형태의 광고 인벤토리를 구축하고 있다. 대표적으로 디지털 사이니지, 옥외 전광판, 엘리베이터 LCD, 매장 내부 기둥 래핑 광고 등은 고객의 실제 동선을 따라 광고 메시지를 자연스럽게 노출시키는 매체로 작동한다.

디지털 광고 인프라는 오프라인 공간을 미디어화하는 핵심 장치이며, 고객이 매장을 방문할 때마다 실시간으로 브랜드 메시지와 프로모션 정보를 전달할 수 있는 환경을 만든다. 광고는 더 이상 '밖'에서 고객을 기다리지 않는다. 고객이 매장 안에 들어오는 순간부터 광고는 고객의 행동에 동행하며, 탐색→구매→재방문이라는 여정을 설계한다. 신세계는 이 구조를 통해 오프라인 공간의 체류 시간을 광고의 접점으로 전환하고 있으며, 실시간 광고 노출은 고객의 구매 행동에 직접적인 영향을 미치고 구매 전환율을 높이는 데 효과적인 수단으로 작용하고 있다.

오프라인 고객 데이터 기반의 타깃형 메시지 마케팅

신세계는 오프라인 공간에서 발생하는 고객 행동 데이터를 광고 자산으로 전환하고 있다. 특히 고객의 구매 이력, 멤버십 활동, 방문 빈도 등 오프라인 고객 데이터를 기반으로 한 타깃형 메시지(푸시) 마케팅을 적극적으로 활용한다. 고객이 특정 상품을 구매했거

쇼핑 패턴을 분석한 추천 쇼핑 뉴스

* 이미지 출처: 신세계백화점 APP

나 매장을 방문한 이력이 있는 경우, 이와 연계된 맞춤형 광고 메시지를 모바일 푸시 알림 형태로 전달한다. 오프라인 매장에서 특정 브랜드를 구매한 고객에게 관련 기획전이나 할인 혜택 정보를 알림 형태로 제공하는 방식이다. 이 구조는 오프라인에서 수집된 데이터를 디지털 캠페인의 타깃팅 근거로 전환해서, 온라인 쇼핑에 유입하거나 매장 재방문을 유도하는 상호작용 중심의 리테일 미디어 구조를 완성한다. 고객의 입장에서는 자신의 관심사와 연결된 광고를 받을 수 있으며, 광고주는 높은 클릭률과 구매 전환율을 기대할 수 있다. 오프라인에서 일어나는 고객의 행동 하나하나가 디지털 메시지로 연결되어 다시 구매 전환을 만드는 흐름이 지금 신세계가 구현하고 있는 데이터 기반의 리테일 미디어의 실전 모델이다.

온라인과 오프라인의 융합 전략

신세계의 리테일 미디어 전략은 온라인과 오프라인의 융합을 중심축으로 설계되어 있다. 오프라인에서는 디지털 사이니지, 옥외 전광판, 매장 내 디지털 디스플레이를 활용해 고객 동선 곳곳에 브랜드 메시지를 배치하고, 온라인에서는 AI 추천 광고와 검색 광고를 통해 고객의 행동 데이터를 분석한 정밀 타깃형 광고를 제공한다. 이처럼 오프라인의 '공간 기반 미디어'와 온라인의 '데이터 기반의 타깃팅'을 동시에 설계함으로써, 신세계는 유통과 광고를 통합한 하이브리드 마케팅 모델을 구축하고 있다.

신세계의 전략은 전통적인 유통 기업 중에서 가장 구조화된 리테일 미디어 설계 사례로 평가받는다. 기술과 인프라를 함께 갖춘 플랫폼으로, 매장 방문부터 모바일 앱, 광고 노출, 구매 전환까지 모든 고객 여정을 하나의 광고 흐름에 녹여냈기 때문이다. 그 결과 신세계는 브랜드 경험을 온·오프라인에 걸쳐 일관되게 설계할 수 있었고, 광고주는 구매 전환율뿐 아니라 브랜드 인지도까지 동시에 강화할 수 있는 환경을 확보했다.

리테일 미디어는 더 이상 '온라인만의 전략'이 아니다. 신세계는 그 명제를 오프라인 유통사가 가진 자산을 미디어로 바꾸는 방식으로 증명하고 있다.

롯데유통군, 유통의 모든 접점이 광고로 연결된다[16]

롯데는 백화점, 마트, 편의점, 면세점, 온라인몰, 홈쇼핑에 이르는 모든 유통 채널을 하나의 통합 광고 네트워크로 전환하려는 전략을 본격적으로 추진하고 있다. 이 전략의 출발점은 단순한 '채널 확장'이 아니다. 롯데가 가진 수많은 고객 접점을 하나의 데이터 흐름으로 연결하고, 광고 인벤토리화할 수 있는 모든 공간과 시간을 정교하게 설계하려는 시도다.

오프라인 매장에 방문한 고객, 온라인몰에서 장바구니에 상품을 담은 고객, 엘포인트 멤버십을 통해 구매 히스토리가 축적된 고객, 홈쇼핑 콘텐츠를 시청한 고객까지, 각기 다른 접점에서 수집된 행동 데이터는 하나의 고객 ID로 통합되고, 이는 광고주에게 정밀한 타깃팅과 크로스 채널 캠페인을 집행할 수 있게 한다.

롯데의 목표는 명확하다. "고객이 있는 모든 곳이 광고 지면이 되고, 그 지면이 하나의 광고 네트워크가 된다." 그리고 이 전략을 뒷받침하는 기반에는 엘포인트라는 초대형 데이터 플랫폼이 있다.

엘포인트 멤버십 기반 고객 데이터 활용

롯데는 엘포인트 멤버십을 중심으로 그룹 전반의 고객 데이터를 통합하고, 이를 기반으로 리테일 미디어 전략의 정밀도를 높여가고 있다. 고객이 롯데백화점, 롯데마트, 롯데ON, 롯데홈쇼핑, 롯데면세

엘포인트 맞춤형 혜택 제공

* 이미지 출처 : 엘포인트 홈페이지

점 등 다양한 유통 채널을 오가며 남긴 구매 로그, 방문 이력, 행동 데이터는 그 자체로 고도화된 광고 타깃팅의 기반이 된다. 롯데는 이 데이터를 바탕으로 각 채널에서 고객 맞춤형 광고를 노출시키고, 행동 기반 트리거에 따라 프로모션 메시지를 자동적으로 발송할 수 있는 디지털 마케팅 자동화 체계를 구축하고 있다.

예를 들어, 고객이 롯데백화점에서 특정 브랜드를 구매한 후 롯데ON에서 동일 브랜드 기획전이 시작되면, 이를 연결하여 맞춤형 알림 메시지가 자동으로 발송되는 것이다.

이처럼 롯데는 고객 행동 간의 연결 고리를 활용해 오프라인과 온라인 사이에 끊기지 않는 광고 흐름을 만들고 있다. 이렇듯 엘포인트는 멤버십 프로그램을 넘어, 데이터 기반 리테일 미디어 생태계의 중심축인 셈이다. 이 데이터를 통해 롯데는 광고주에게는 정밀 타깃팅이 가능한 플랫폼으로, 고객에게는 불필요한 노출 없이 맥락 있는 광고 경험을 제공하는 성과 중심의 미디어 플랫폼으로 진화하고 있다.

디지털 및 물리적 광고 자산의 통합 활용

롯데는 디지털 광고 자산과 오프라인 공간을 유기적으로 연결하는 통합형 리테일 미디어 전략을 본격적으로 전개하고 있다. 신세계처럼 롯데 역시 매장 내 디지털 사이니지, 옥외 전광판, 라스트마일 배송 박스, 엘리베이터 LCD 등 물리적 공간에 존재하는 모든 접점을 광고 인벤토리로 전환하고 있으며, 이 광고 자산은 디지털 광고 캠페인과 실시간으로 연동되어 운용된다.

롯데백화점의 매장 입구에 설치된 미디어월(대형 디지털 스크린)에는 온라인몰인 롯데ON에서 진행하는 기획전 메시지가 실시간 송출되고, 고객이 주문한 상품이 담긴 배송 박스에는 해당 브랜드의 프로모션 스티커가 붙어 있다. 이는 구매 전(탐색)→구매 중(매장 접점)→구매 후(배송 및 언박싱)까지 광고 메시지를 끊기지 않게 이어주는 고객 여정 설계다.

롯데는 이와 같은 전략을 통해 오프라인 공간에 머무는 고객과 온라인 고객 모두에게 동일한 브랜드 경험을 다양한 지면에서 반복적으로 노출하고, 광고의 구매 전환율과 브랜드 인지율을 동시에 끌어올리는 구조를 구축하고 있다. 이렇듯, 롯데의 통합 광고 전략은 디지털 광고의 성과 측정력과 오프라인 공간의 주목도를 결합한 복합 채널 미디어 설계라고 할 수 있다.

고객 맞춤형 광고와 채널별 연계

롯데는 엘포인트 데이터 기반의 고객 인사이트를 활용해 그룹 내의 다양한 유통 채널에서 정교한 맞춤형 광고를 제공하고 있다. 핵심은 채널 간 연계성이다. 고객이 롯데백화점에서 특정 브랜드 상품을 구매하면, 해당 고객에게는 이후 롯데마트나 롯데홈쇼핑, 롯데ON 등 다른 채널의 연관 상품 혹은 동일 브랜드의 기획전 광고가 자동적으로 노출된다. 고객의 행동 이력이 그룹 전체 유통 채널에서 공유되며, 각 채널에서 최적화된 메시지를 보여준다. 즉, 고객은 롯데라는 브랜드 안에서 '어디서 무엇을 보든, 나를 알고 있는 광고를 접한다'라는 일관된 경험을 얻고, 광고주는 각 채널의 트래픽을 연속된 여정으로 활용할 수 있다. 이러한 채널 간 연결은 단순한 광고 성과를 넘어서 브랜드에 대한 기억과 충성도를 강화하는 전략적 수단으로 작용한다. 그러므로 고객은 롯데라는 하나의 브랜드 아래에서는 '연결된 경험'을 제공받는다는 인식을 갖는다.

고객 경험 최적화와 광고 효율성 증대

롯데의 리테일 미디어 전략은 광고 상품의 확장을 넘어, 고객 경험의 최적화와 광고 효율성 증대를 중심에 두고 설계되었다. 디지털 자산(온라인몰, 앱, 추천 광고)과 오프라인 자산(백화점, 마트, 사이니지, 배송 박스)을 유기적으로 결합함으로써, 롯데는 고객의 구매 여정 전체에 걸쳐 맞춤형 광고를 설계하고 있다. 고객은 백화점 입구의 미디어월을 통해 브랜드를 처음 접하고, 마트에서 실제 제품을 체험하고, 온라인몰에서 다시 해당 브랜드의 기획전을 발견한다. 이 모든 과정은 단절되지 않고, 하나의 브랜드 경험으로 연결된다.

그 결과, 광고주는 롯데 리테일 미디어를 통해 높은 구매 전환율과 ROI(광고 수익률)를 확보할 수 있으며, 브랜드는 인지도 확장과 매출 증대라는 실질적 성과를 기대할 수 있다.

롯데의 리테일 미디어 전략은 광고주에게는 성과 중심 플랫폼, 브랜드에는 일관된 메시지 전달 채널, 고객에게는 자연스럽고 맥락 있는 경험을 제공하면서, 모두에게 이익이 돌아가는 전략적 시스템으로 진화하고 있다.

현대백화점그룹, 콘텐츠 기반 커머스와 프리미엄 광고 공간 설계[17]

현대백화점그룹은 백화점·아울렛 중심의 프리미엄 리테일 공간을 기반으로, 브랜드 경험을 강화하는 고급 광고 상품화 전략을 추진하고 있다. 특히 현대백화점은 디지털 사이니지, 키오스크, 매장 내 디스플레이 등 오프라인 채널에서의 광고 인벤토리 고도화를 진행 중이며, 향후에 이와 연동되는 고객 데이터 기반의 맞춤형 온라인 광고도 본격화할 계획이다. 디지털 자산 측면에서는 현대에이치몰, 더한섬닷컴을 중심으로 광고 정비와 시스템 최적화를 추진하고 있다. 광고 공간을 판매하는 데 그치지 않고, 프리미엄 브랜드의 이미지와 고객 경험을 해치지 않게 광고를 설계하는 것이다.

현대백화점그룹의 차별점은 고관여 고객 타깃팅에 있다. 일반 커머스 플랫폼과 달리, 고객 행동 데이터를 정밀하게 분석하여 브랜드 충성도가 높은 고객에게만 노출되는 맞춤형 광고와 프로모션 메시지를 설계하고 있으며, 이를 통해 광고 효율성과 브랜드 가치를 모두 지키려 한다. 현대백화점은 오프라인 공간의 프리미엄 경험과 디지털 타깃팅 기술을 통합하여, 온·오프라인이 연결된 고정밀 리테일 미디어 솔루션을 구축하고 있다. 광고주에게는 정교한 고객 접근 전략이 되고, 브랜드에는 고급스러운 매체 환경을 제공하며, 고객에게는 과잉 노출 없이 고관여형 브랜드 경험을 하게 하는 현대식 리테일 미디어 모델을 선보일 예정이다.

자사 플랫폼을 가진 자, 광고를 지배한다

오늘날 리테일 미디어 전략의 본질은 매장에 광고를 붙이는 수준을 넘어섰다. 이제 리테일 미디어는 온·오프라인 전 채널의 미디어화, 고객 데이터 기반의 타깃 광고 시스템 구축, 유통을 넘어 콘텐츠, 데이터, 광고를 연결하는 복합적 구조 설계로 진화하고 있다. 이는 수익 다변화를 넘어, 각 유통 그룹이 보유한 플랫폼과 고객 기반을 활용해 광고 산업의 룰 자체를 다시 쓰려는 시도이자, 자사 플랫폼 중심의 미래 성장 동력을 선점하려는 전략적 움직임이다. 각 그룹은 고유한 강점을 기반으로 차별화된 리테일 미디어 모델을 설계하고 있다.

- 신세계는 SSG.COM·이마트·지마켓·백화점 등 다양한 자회사를 연결하고, AI 기반 추천 광고, 오프라인 미디어 인프라, 앱 기반 푸시 마케팅 등을 통해 고객 여정 전반에 걸쳐 광고를 자동으로 설계·운영하는 시스템화된 구조를 완성하고 있다.
- 롯데유통군은 40여 개의 커머스 및 서비스 앱 생태계를 하나의 광고 네트워크로 통합하고, 광고주가 원하는 시간·채널·고객에 맞춰 온디맨드 방식의 타깃 광고를 집행할 수 있는 플랫폼형 광고 시스템을 구현하고 있다.
- 현대백화점그룹은 프리미엄 리테일 공간을 광고 자산화하고,

디지털 사이니지 및 고객 데이터를 활용한 맞춤형 메시지 전략을 통해 고관여, 고정밀 광고 모델을 구축하고 있다.

자사 플랫폼을 보유한 유통사가 리테일 미디어를 선도하는 이유는 명확하다. 데이터를 보유하고 있고, 트래픽이 있으며, 그 안에서 직접 구매 전환을 설계할 수 있기 때문이다. 광고는 더 이상 외부 플랫폼에 의존하지 않으며, 자사 플랫폼 안에서 구매 전환이 일어나는 구조가 오늘날 리테일 미디어의 진짜 경쟁력이다. 이러한 전략은 각 유통 그룹이 보유한 온·오프라인 자산, 고객 데이터, 매장 방문 트래픽, 디지털 인프라를 총체적으로 활용하여, 광고 효율성과 성과를 극대화하려는 시도로 해석할 수 있다. 각 그룹은 자체 유통 채널을 미디어로 전환하는 동시에, 디지털 환경과 오프라인 공간을 유기적으로 연결하며 일관된 고객 경험 안에서 광고 효과를 극대화하는 전략을 추구하고 있다.

이 과정의 핵심이 바로 고객 행동 데이터를 기반으로 한 타깃팅 광고 시스템이다. 이를 통해 광고는 '보여주는 것'이 아니라, 정확한 시점에, 정확한 고객에게 도달하여 구매 전환을 이끄는 전략적 도구가 된다. 이러한 리테일 미디어 전략은 앞으로 유통 기업 간의 경쟁력을 평가하는 새로운 기준, 즉 미디어 레벨(Media Level)이라는 지표로 작동할 가능성이 크다. 어떤 상품을 잘 파느냐가 아니라, 어떤 플랫폼이 더 정교하고 효율적인 광고 생태계를 운영하느냐가 경쟁력을 결정할 것이다.

각 유통사는 데이터와 콘텐츠 기반의 광고 솔루션을 고도화하여, 소비자 맞춤형 광고를 통한 브랜드 가치 향상과 매출 증대를 동시에 추구한다. 리테일 미디어는 광고 노출을 넘어 고객 경험을 데이터 기반으로 최적화하고, 광고주에게는 예측 가능한 성과를 제공하는 비즈니스 모델로 자리 잡고 있다. 유통사들은 리테일 미디어를 통해 새로운 수익원을 창출하는 동시에, 소비자와의 연결을 강화하고 장기적인 브랜드 자산을 구축하는 전략적 수단으로 활용하고 있다.

체험 공간이
광고가 되는 시대

RETAIL MEDIA

    고객 체험 중심의 H&B 매장이라는 업태 특성, 그리고 뷰티 콘텐츠 기반의 디지털 채널 운영 역량을 결합해, 올리브영은 리테일 미디어의 독자적 진화 모델을 만들어가고 있다. 올리브영 매장은 제품을 진열하기만 하는 공간이 아니다. 고객이 직접 발라보고, 테스트하고, 리뷰를 남기고, SNS에 공유하는 체험 기반의 콘텐츠 생산 공간이자, 그 자체가 브랜드 메시지를 전파하는 미디어 플랫폼으로 기능한다. 온라인에서는 자사 몰과 앱을 통해 리뷰 기반 추천 광고, 콘텐츠형 기획전, 앱 배너 광고 등 고객 행동 데이터를 활용한 타깃형 광고 상품이 운영되고 있으며, 오프라인에서는 매장 내 디지털 디스플레이, 카운터 래핑, 제품 진열과 연계된 시각 콘텐츠가 자연스럽게 광고 기능을 수행한다.

특히 올리브영은 콘텐츠-체험-데이터-광고의 흐름이 한 공간 안에서 선순환되는 구조를 만들고 있으며, 이는 광고 인벤토리 판매를 넘어 브랜드 경험 자체를 광고화하는 전략적 진화 모델이라 할 수 있다.

체험 공간이 곧 미디어

올리브영은 H&B 유통 채널을 넘어, 옴니채널 기반의 리테일 미디어 전략을 통해 전국 1,300여 개 매장을 하나의 미디어 플랫폼으로 전환하고 있다. 모바일 앱, 온라인몰, 브랜드관, 콘텐츠 커머스, 멤버십 등 올리브영이 보유한 채널은 모두 통합적인 광고 환경으로 운영되며, '매장도 미디어'라는 관점에서 전략화되고 있다. 핵심은 고객의 체험 동선 안에 광고가 녹아드는 구조다.

매장 내에는 POS 디스플레이, 디지털 사이니지, 테스트존 래핑, 브랜드존 디스플레이 등 고객의 시선과 체험 흐름에 맞춘 광고 지면이 전략적으로 배치되어 있다. 이러한 지면은 고객이 상품을 '구경하고, 만지고, 발라보는' 과정에서 자연스럽게 브랜드 메시지를 전달하는 실전형 광고 인벤토리로 상품화되고 있다.

올리브영의 전략은 광고를 '보여주는 것'을 넘어서, 체험이라는 행동 안에서 광고를 경험하게 만드는 방식이다. 또한 매장 내 고객의 행동 데이터를 기반으로 타깃팅 광고와 구매 전환율을 향상시키는 구조도 함께 설계되고 있다. 고객의 관심을 끌고 제품 체험을 통해 구매로 이어지도록 경험 기반 광고의 정밀도와 효과성을 높이고 있는 셈이다. 이 전략은 올리브영의 리테일 미디어 경쟁력을 강화하는 데 핵심 역할을 하며, 광고 상품화를 통한 수익 창출, 브랜드 인지도 확대, 실질적 판매 촉진을 동시에 실현하고 있다.

올리브영은 '매장이 곧 미디어'라는 구조를 가장 성공적으로 구현하고 있는 대표적인 사례라 할 수 있다.

멤버십과 데이터 기반의 타깃형 광고

올리브영은 CJ ONE 멤버십을 기반으로 한 퍼스트파티 데이터를 중심으로 고객 타깃팅 정교화와 리마케팅 전략을 동시에 전개하고 있다. 고객의 구매 이력, 방문 이력, 상품 선호도 등을 분석해 푸시 메시지, 앱 내 개인화 배너, 추천 콘텐츠 큐레이션 등 다양한 접점에서 맞춤형 광고를 자동으로 제공하며, 이를 통해 구매 전환 효율을 극대화하고 있다.

이 전략의 핵심은 광고 노출이 고객 경험을 해치지 않도록 설계하는 것이다. 올리브영은 광고를 '보여주는 것'만이 아니라, 정보·리뷰·영감의 형태로 받아들이도록 구성하고 있다. 브랜드존의 스토리 콘텐츠, 리뷰 기반의 추천 큐레이션, 뷰티 팁 영상 콘텐츠 등은 모두 광고 기능을 내포하고 있지만, 고객은 이를 '유용한 정보' 혹은

'쇼핑 아이디어'로 인식한다. 이처럼 '광고를 콘텐츠처럼, 콘텐츠를 경험처럼' 설계함으로써 올리브영은 광고 효과를 극대화하는 동시에, 고객 만족도와 플랫폼 체류 시간까지 함께 끌어올리고 있다.

이 과정은 광고주에게는 성과 기반 마케팅 솔루션을 제공하고, 브랜드에는 소비자와의 관계를 강화하는 접점이 되며, 올리브영에는 리테일 미디어의 브랜드 경험 설계 역량을 입증하는 핵심 자산으로 작용하고 있다.

뷰티 콘텐츠 기반한 미디어 전략

올리브영은 뷰티 카테고리 특유의 감성적 소비 흐름을 기반으로, 콘텐츠 중심 리테일 미디어 전략을 정교하게 설계했다. 상품을 광고하는 데 그치지 않고, 고객에게 실제로 도움이 되는 콘텐츠를 통해 브랜드 가치를 전달하고 소비자와의 관계를 강화하는 방식으로 운영된다. 제품 비교 영상, 메이크업 튜토리얼, 피부 타입별 사용법을 설명하는 콘텐츠는 고객이 궁금해할 법한 정보와 팁을 제공하면서, 동시에 브랜드 캠페인 메시지를 자연스럽게 담아내는 광고로 작용한다. 고객은 이 콘텐츠를 통해 광고를 보기보다는 메이크업 기술을 익히고 제품 사용법을 배우며 브랜드에 대한 신뢰를 형성한다.

이 과정은 콘텐츠가 학습-설득-구매 전환을 동시에 수행하는 구조로 설계되어 있다. 이러한 콘텐츠는 올리브영의 앱 내 브랜드관,

메인 배너, SNS 채널을 통해 광범위하게 확산되며, 자발적인 구매 전환과 리뷰 생성으로 이어지게 한다. 정보성 콘텐츠와 광고 기능을 결합하고 고객이 광고를 거부감 없이 받아들이게 만드는 구조를 뷰티 특화 카테고리 안에서 성공적으로 구현하고 있는 것이다.

올리브영은 광고와 체험을 결합한 실전형 프로모션 전략을 통해 매장 내 경험을 온·오프라인으로 확장하고 있다. 먼저, 매장 내 체험 연계 프로모션은 고객에게 실제 제품을 직접 사용해볼 수 있는 기회를 제공함으로써 광고 메시지와 고객 경험을 결합하는 구조로 설계되어 있다. 고객은 제품을 테스트해보고, 그 체험을 디지털 콘텐츠나 SNS 리뷰로 자연스럽게 공유한다. 이 과정을 통해 올리브영은 오프라인 체험→온라인 전환→리뷰 확산이라는 매끄러운 고객 여정을 구현한다. 이러한 경험 기반 프로모션은 실제 체험을 통한 구매 전환율 향상, 브랜드에 대한 호감도 및 인지도 제고, 매장 내 광고 접점의 콘텐츠화라는 효과를 동시에 만들어낸다.

한편 SNS 협업 인플루언서 캠페인은 뷰티 콘텐츠와 인플루언서의 영향력을 결합해, 브랜드 메시지를 소셜 미디어에서 자연스럽게 확산시킨다. 인플루언서의 리뷰와 추천은 특정 타깃 고객에게 신뢰와 영감을 함께 제공하며, 이는 곧 높은 구매 전환율과 후기 생성으로 이어진다. 무엇보다 이 협업은 브랜드와 고객 간의 소통을 활성화하고, 올리브영에 대한 고객 충성도를 높이는 중요한 요소로 작용하고 있다.

올리브영은 자사 앱을 통해 디지털 광고와 고객 리뷰 콘텐츠를 결합한 고효율 리테일 미디어 전략을 전개하고 있다. 대표적인 예가 앱 내 기획전 배너와 리뷰 콘텐츠 패키지다. 배너는 고객의 시선을

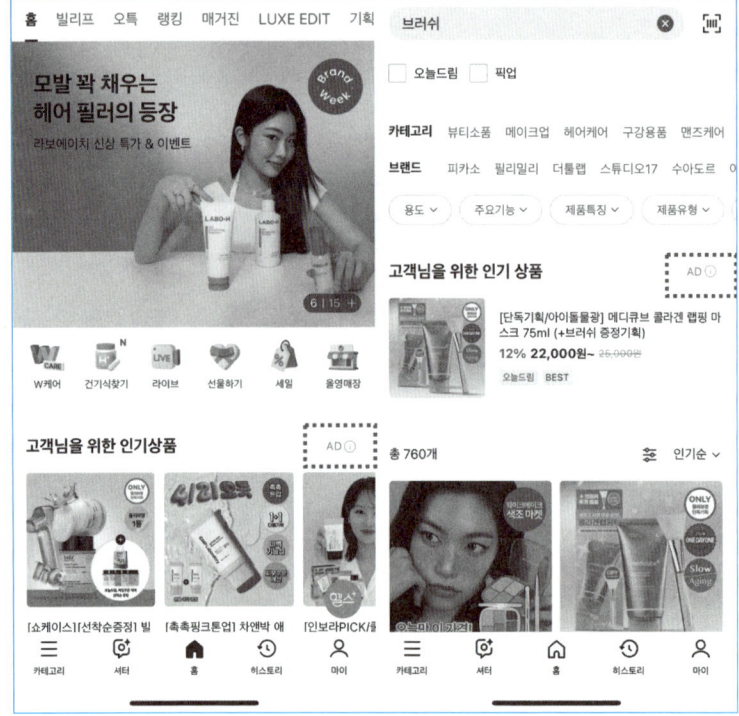

올리브영 앱, 추천 광고

* 이미지 출처: 올리브영 앱

끌기 위한 첫 번째 광고 접점으로, 여기에 리얼 사용자 리뷰와 후기 콘텐츠를 결합함으로써 광고 메시지의 신뢰성과 설득력을 강화하고 있다. 고객은 할인 문구나 신상품 소개가 아닌, 실제 사용자의 경험을 기반으로 제품을 이해하고 구매 결정을 쉽게 내린다. 즉, 리뷰는 소셜 증거(social proof)로서 광고의 설득력을 고객의 언어로 전환해주는 장치다.

올리브영 앱은 고객의 검색 기록, 구매 이력, 장바구니 정보 등을 분석해 퍼스트파티 데이터 기반의 개인화 광고 시스템을 운영하고 있다. 이 시스템은 푸시 알림, 앱 내 개인화 배너, 추천 콘텐츠 큐레이션 등을 통해 고객의 관심사에 맞는 상품을 자동으로 노출하며, 구매로 전환하게끔 더 정밀하게 유도한다. 스킨케어 제품을 자주 검색하거나 구매한 고객에게는 관련 신상품이나 기획전, 할인 정보가 배너나 알림 형태로 자동으로 제안되는데, 이는 고객의 구매 행동과 광고 노출의 타이밍을 정교하게 일치시킨다. 이러한 구조는 디지털 환경 안에서 광고-고객 행동-리뷰-구매 전환이 유기적으로 연결되는 선순환을 만든다.

이와 같은 추천 광고 시스템은 고객이 앱 내에서 원하는 상품을 쉽고 빠르게 탐색할 수 있도록 도와주며, 광고주에게는 더 높은 구매 전환율과 효율적인 광고 성과를 제공하는 솔루션이 된다. 무엇보다 중요한 점은, 상업적 메시지로만 인식되지 않고 고객에게 유용한

올리브영, 강남타운 브랜드팝업존
* 이미지 출처: 올리브영 홈페이지

정보로 받아들여진다는 사실이다. 개인화된 콘텐츠와 맞춤형 추천 구조를 통해 고객은 자신의 관심사와 상황에 맞는 정보를 받고, 이는 전체 고객 경험을 개선하며, 광고에 대한 심리적 거부감 없이 자연스럽게 구매로 이어지게 만든다.

올리브영 리테일 미디어의 구조적 특징

올리브영의 리테일 미디어 전략은 오프라인 트래픽과 디지털 광고의 결합, 퍼스트파티 데이터 기반의 추천 시스템, 콘텐츠 중심의 광고 상품 구성, 고객 경험 중심의 설계라는 4가지 주요 특징으로 구성된다. 이 전략은 고객에게 개인화된 광고를 제공하고, 효율적인 광고 효과를 추구하는 동시에, 고객 경험을 강화하는 중요한 요소다.

올리브영은 오프라인 매장에서 시작된 고객의 여정이 앱과 온라인몰로 자연스럽게 이어지도록 설계된 옴니채널 전략을 운영한다. 고객은 매장에서 제품을 직접 체험한 후, 디지털 채널에서 더 많은 정보를 검색하거나 실제 구매로 전환되는 흐름을 경험한다. 이 과정에서 중요한 역할을 하는 것이 광고와 콘텐츠의 통합 설계다. 매장에서 노출되는 디지털 사이니지, 테스트존 래핑 등 광고 접점은 앱 내 배너, 리뷰 콘텐츠, 추천 시스템과 유기적으로 연결되며, 고객 행동 데이터를 기반으로 정밀한 타이밍에 다시 한번 상품을 노출시킨다. 결과적으로 광고는 구매 여정에 자연스럽게 녹아들게끔 설계된다. 이러한 흐름을 가능하게 하는 중심축은 CJ ONE 멤버십을 통해 수집된 퍼스트파티 데이터다. 뿐만 아니라, 올리브영은 광고를 판매 유도 수단만이 아닌 정보와 영감을 제공하는 콘텐츠로 만든다. 모든 광고 콘텐츠는 고객이 필요로 하는 정보를 담고 있으며, 상업적 거부감 없이 신뢰와 흥미를 유도하는 형식으로 구성된다. 이렇게 올리브영의 광고는 체험→정보→구매로 이어지는 고객 여정에서 자연스럽게 기능한다.

고객은 매장에서의 경험을 바탕으로 앱이나 온라인몰에서 다시 제품을 탐색하고, 리뷰 콘텐츠와 맞춤형 광고를 통해 확신을 얻은 후 구매로 전환한다. 이때 광고는 고객에게 '보여지는 것'이 아니라,

고객 여정을 완성시키는 연결 고리이자, 신뢰를 바탕으로 한 콘텐츠 경험이 된다.

체험형 리테일의 광고

올리브영의 리테일 미디어 전략은 체험 중심 리테일의 미디어 전환 모델로서 중요한 전략적 시사점을 제시한다. 쿠팡이나 네이버처럼 압도적인 트래픽과 광고 인벤토리를 가진 플랫폼은 아니지만, 올리브영은 매장 체험과 콘텐츠 중심 설계를 결합한 차별화된 전략을 통해 리테일 미디어 시장에서 점차 존재감을 확장하고 있다. 그 핵심에는 옴니채널 기반의 광고 경험 설계가 있다. 오프라인 매장에서 시작된 고객의 경험은 앱과 온라인몰에서의 정보 탐색과 구매로 이어지고, 이 흐름 속에 자연스럽게 광고가 배치된다. 이 구조는 광고가 단절되지 않고 고객의 여정 속에 스며들어 정보와 설득의 도구로 작동하게 만든다.

특히 올리브영은 Z세대를 핵심 타깃으로 삼아, 리뷰와 체험 중심의 소비 특성을 반영한 광고 전략을 전개한다. Z세대는 상품을 구매하는 데 그치지 않고, 브랜드와의 관계, 경험, 메시지에 반응하는 소비자다. 그들에게 광고는 구매만 유도하는 게 아니라, 브랜드가 자신에게 어떤 감성과 가치를 주는지 판단하는 기준이 된다. 올리브영은 이러한 특성을 반영해 매장 체험과 콘텐츠를 결합하고, 광고를 정보, 영감, 리뷰, 콘텐츠로 치환하는 방식으로 광고 전략을 재설계하고 있다. 이처럼 올리브영의 리테일 미디어는 디지털 광고 수익을 창출하는 도구를 넘어, 고객의 브랜드 경험을 유도하고 강화하는 매체로 진화하고 있다.

'광고=관계의 시작'이라는 인식을 기반으로, 올리브영은 오프라인 매장에서 제품을 체험한 후 디지털 공간에서 그 경험을 확장하고 연결짓는 입체적 광고 시스템을 구축하고 있으며, 이를 통해 고객은 광고를 '판매 메시지'가 아니라 브랜드와 연결되는 경험으로 받아들인다.

이 전략은 전통적인 유통업체도 미디어로 전환될 수 있다는 가능성을 보여주는 중요한 사례다. 카테고리에 특화된 리테일이 자기만의 콘텐츠와 고객 경험을 바탕으로 광고를 브랜드 경험으로 확장하는 구조를 설계할 수 있다면, 그 자체로 미디어 플랫폼이 될 수 있다는 것을 올리브영은 입증하고 있기 때문이다. 올리브영의 체험 중심 리테일 미디어 전략은 광고 상품의 판매를 넘어서, 고객 경험과 브랜드 관계를 유기적으로 연결하는 새로운 모델이다. 이는 앞으로 리테일업계가 판매 채널을 넘어서 고객과 브랜드가 연결되는 미디어 공간으로 진화해가는 데 있어 중요한 전략적 방향성을 제시하는 강력한 사례가 될 것이다.

PART 3

광고를 움직이는 기술, 데이터를 말하다

오늘날 리테일 미디어는 광고 지면만 파는 비즈니스가 아니다. 무엇을, 누구에게, 언제, 어떻게 보여줄 것인지 정교하게 설계하는 시스템이며, 그 중심에는 기술과 데이터가 있다. 고객의 행동 데이터를 실시간으로 수집하고 분석하는 퍼스트파티 데이터, 전환 가능성을 예측하고 지면을 자동으로 최적화하는 AI 기반 추천 알고리즘, 성과를 수치로 검증하고 재투자 결정을 돕는 측정 기술까지, 리테일 미디어가 '성과가 보이는 광고'로 작동하기 위해서는 모든 기술 요소가 유기적으로 연결되어야 한다. 이 장에서는 퍼스트파티 데이터가 왜 광고의 핵심 자산이 되었는지, AI 추천 시스템은 어떻게 광고 타이밍을 결정하는지, 광고 성과는 무엇을 기준으로 측정되고 평가되는지 비즈니스 관점에서 체계적으로 정리한다.

기술을 이해하는 사람만이 광고의 방향을 설계할 수 있다. 그리고 광고를 이해하는 사람만이 기술의 쓰임을 전략적으로 연결할 수 있다. 이제, 광고를 움직이는 진짜 힘을 들여다볼 시간이다.

내 데이터로
광고를 설계하는 시대

RETAIL MEDIA

    광고는 '보여주는 것'을 넘어서, 보여줄 대상을 정하고 타이밍을 설계하는 일이 되었다. 그 중심에는 데이터가 있다. 특히 서드파티 쿠키(인터넷 이용자가 웹상에서 활동하며 남긴 흔적)가 사라진 시대에 광고주와 플랫폼은 더 이상 외부에서 고객 정보를 가져올 수 없다. 이제 자사 플랫폼 안에서 확보한 퍼스트파티 데이터만이 광고 타깃팅의 유일한 기반이자, 성과 중심 광고의 출발점이 된다. 고객이 무엇을 검색했고, 무엇을 담았으며, 무엇을 샀는지, 그 흐름 안에서 어떤 행동을 했고 어떤 콘텐츠에 반응했는지가 중요한 것이다. 모든 데이터는 로그 기록이 아니라, 광고 설계를 위한 설계도이자 예측 가능한 트리거가 된다.

    중요한 것은 고객의 행동 데이터를 어떻게 확보해서 활용 가능한 구조로 전환하는가다. 데이터만 많이 모을 게 아니라, 비즈니스 목적에 맞게 구조화하고 광고 전략과 연결하는 능력이 성패를 가른다. 광고는 데이터를 따라 움직인다. 그리고 그 데이터는 이제 '우리의 것'이어야만 한다.

광고를 움직이는 힘은 무엇일까?

디지털 광고는 지금 완전히 다른 방식으로 움직이고 있다. 과거에는 얼마나 많은 사람에게 노출되었는지가 광고의 성과를 결정했다. 그러나 이제는 누구에게, 어떤 맥락에서, 얼마나 설득력 있게 도달했는가가 핵심 경쟁력이 된다. 광고의 무게중심이 '노출의 양'에서 '타깃팅의 정교함'으로 이동한 것이다. 그러므로 많이 보여주는 것만으로는 성과를 담보할 수 없다. 광고가 의미를 갖기 위해서는 정확한 타이밍, 정확한 대상, 정확한 메시지가 맞물려야 한다.

이는 데이터 기반 광고의 본격적인 확산과 맞물려 있다. 고객의 행동과 관심사를 실시간으로 포착하고 해석할 수 있는 데이터, 그중에서도 플랫폼 내부에서 축적되는 퍼스트파티 데이터가 광고 성과를 좌우하는 핵심 자산으로 부상하고 있다.

퍼스트파티 데이터란 광고주가 직접 수집한 고객 행동 정보다. 구매 이력, 검색 패턴, 장바구니 내역, 방문 로그처럼 고객이 브랜드와 실제로 상호작용한 모든 기록이 여기에 포함된다. 이 데이터는

'부가적인 참고 자료'를 넘어서, 이제는 광고를 설계하는 핵심 자산이다. 고객의 선호도와 관심사, 구매 주기와 시점까지 정교하게 반영할 수 있기 때문이다. 퍼스트파티 데이터를 활용하면 광고는 더 이상 무작위로 노출되지 않는다. 광고는 고객의 상황에 맞춰, 가장 설득력 있는 순간에 도달하도록 설계된다. 광고의 중심이 '노출의 양'에서 '노출의 질'로 옮겨 간 이유다. 누구에게 얼마나 정확하게 도달했는가, 얼마나 개인화된 메시지를 전달했는가가 광고 성과를 결정짓는 기준이 된다.

광고주는 퍼스트파티 데이터를 기반으로 정교한 타깃팅과 개인화된 메시지를 설계할 수 있게 되었고, 이는 단기적 노출 효과를 넘어서 장기적인 고객 관계와 브랜드 충성도 구축으로 이어진다. 퍼스트파티 데이터를 중심으로 한 타깃팅 광고가 디지털 광고의 패러다

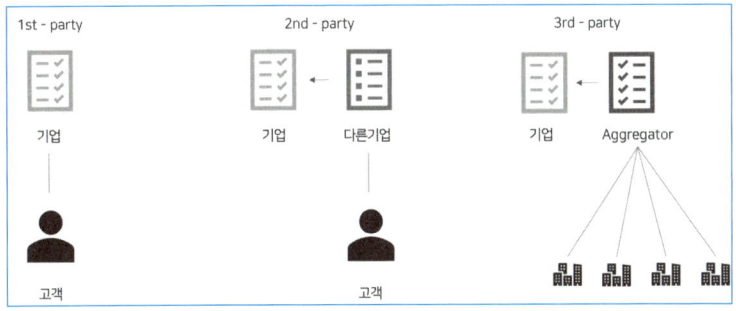

데이터 수집 주체에 따른 분류
* 이미지 출처: 브런치스토리 by 느낀표

임을 근본적으로 바꾸고 있는 것이다. 이 데이터는 고객을 분석하는 도구일 뿐 아니라, 고객에게 다가가는 가장 효율적인 길을 알려주는 기술적 기반이기도 하다.

쿠키 없는 세상, 리테일 미디어는 어떻게 기회를 잡을까?

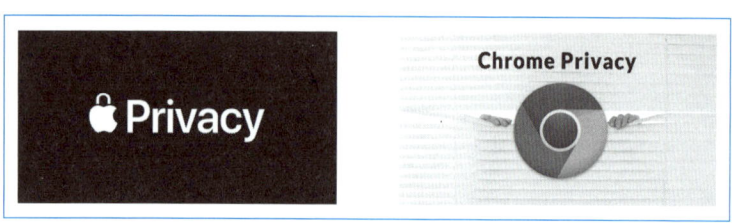

맞춤형 광고의 고객 데이터 수집 및 활용에 대한 부정적 여론
* 이미지 출처: APPLE 홈페이지, Search Engine Journal

2024년부터 구글 크롬을 비롯한 주요 브라우저는 서드파티 쿠키 지원을 단계적으로 종료하겠다고 발표했다. 일시적 유예는 있었지만, 광고 산업이 쿠키 기반 타깃팅에서 벗어나야 한다는 방향성은 분명해졌다. 이 변화는 기술의 전환일 뿐 아니라, 광고의 설계 방식 자체를 바꾸는 중대한 전환점이다. 기존의 광고주들은 웹 외부에서 고객 행동을 추적하고, 그 데이터를 바탕으로 광범위하게 타깃팅 광고를 집행했다. 그러나 이런 방식은 점점 효력을 잃고 있다. 애플은 이미 iOS 14부터 ATT(App Tracking Transparency, 데이터 추적 거부권)를 도입해 앱 내

사용자 추적을 강하게 제한했고, 이는 서드파티 쿠키의 제약과 함께 외부 데이터 기반 광고의 정밀도와 커버리지를 급격히 축소시켰다. 그러나 이 변화는 리테일 미디어에는 위기가 아닌 기회가 된다. 리테일 플랫폼은 고객의 로그인 기반 활동을 바탕으로 한 퍼스트파티 데이터를 보유하고 있기 때문이다.[18]

그런데 2025년 4월, 구글은 이 흐름에 예상치 못한 반전을 더했다. 당초 예고했던 크롬 브라우저의 서드파티 쿠키 전면 차단 계획을 사실상 철회한 것이다.[19] '프라이버시 샌드박스'로 불렀던 구글의 쿠키 대체 기술은 규제 기관과의 협의 지연, 광고 생태계 전반의 혼선, 실효성 논란에 부딪혀 결국 사용자 선택에 맡기는 방향으로 선회했다. 구글은 크롬 사용자들에게 쿠키 차단 여부를 직접 설정하도록 하고, 별도로 차단 안내는 하지 않겠다는 입장을 밝혔다. 이에 따라, 광고주들은 당분간 기존처럼 쿠키 기반의 타깃팅 방식을 계속 활용할 수 있다.

하지만 이런 정책이 곧 쿠키 기반 광고의 미래가 안정적이라는 의미는 아니다. 애플, 파이어폭스, 사파리 등 이미 쿠키 제한을 강하게 적용한 브라우저는 여전히 많으며, 글로벌 개인정보 규제는 갈수록 강화되고 있다. 무엇보다 중요한 것은, 광고주의 신뢰와 효율을 동시에 확보할 수 있는 구조가 '외부 데이터'가 아닌 '내부 데이터', 즉 퍼스트파티 데이터 기반 구조로 점차 재편되고 있다는 사실이다.

결국 쿠키의 차단은 유예됐지만, 리테일 미디어의 기회는 여전히 유효하다. 고객과 직접 연결된 플랫폼만이 예측 가능한 전환, 맞춤형 타깃팅, 지속 가능한 광고 성과를 실현할 수 있기 때문이다.

쿠팡, 네이버, SSG.COM, 올리브영과 같은 유통사는 고객의 검색, 클릭, 장바구니, 구매, 결제 이력 등 정교하고 실시간적인 데이터를 플랫폼에서 직접 확보하고 있다. 이 데이터는 서드파티 쿠키와 달리 고객의 동의하에 수집된 행동 기반 정보로, 법적 제약 없이 타깃팅에 활용할 수 있는 안정적인 자산이다. 즉, 외부에서 추적하는 광고는 사라져도, 자기 플랫폼 안에서 설계된 광고는 더욱 강력해지는 시대가 온 것이다. 리테일 미디어는 바로 이 구조에서 고객 행동 흐름에 맞춘 실시간 광고 노출과 구매 전환의 정확한 예측이 가능한 가장 유리한 광고 플랫폼으로 떠오르고 있다.

리테일 미디어가 제공하는 퍼스트파티 데이터는 외부 데이터에 의존하지 않고도 정확한 타깃팅과 효율적인 광고 전략을 펼칠 수 있는 기회를 광고주에게 제공한다. 고객의 검색 이력과 구매 내역은 그 사람의 구체적인 니즈와 관심사를 알려준다. 앱 내 행동 로그, 장바구니 이력, 탐색 중단 시점 등의 데이터는 고객이 어떤 단계에서 구매를 망설이는지를 파악하게 해준다. 이러한 데이터를 바탕으로 광고주는 구매 가능성이 높은 고객에게, 적절한 타이밍에, 설득력 있는 메시지를 전달할 수 있다. 결과적으로 구매 전환율은 높아지고, ROI는 극대화된다.

이처럼 퍼스트파티 데이터 기반 광고는 단순한 클릭 유도형 광고를 넘어, 고객의 여정을 완성하는 정밀한 설계로 진화하고 있다. 서드파티 쿠키의 종말과 개인정보 보호 강화라는 상황은 광고 산업 전반에는 리스크로 작용하지만, 리테일 미디어에는 오히려 기회의 창이 된다. 고객이 자발적으로 제공한 데이터를 기반으로 한 타깃팅 광고는 법적 안정성을 갖추고 있으며, 무엇보다 고객의 실제 행동에 기반해 설득력을 갖는다.

이렇듯 리테일 미디어는 광고 산업이 외부 데이터 기반 타깃팅에서 벗어나, 내부 데이터 중심의 지속 가능한 모델로 전환하게끔 이끌어가고 있다.

퍼스트파티 데이터는 어떻게 써야 효과적일까?

퍼스트파티 데이터는 개인정보를 넘어, 고객의 디지털 행동 전반을 추적할 수 있는 전략적 자산이다. 이름, 이메일, 전화번호 같은 식별 정보는 출발점일 뿐이고, 진짜 가치는 고객의 검색, 클릭, 장바구니 담기, 결제 이력 등 실시간으로 축적되는 행동 기반 데이터에 있다. 이러한 데이터는 광고 플랫폼 내에서 정밀 타깃팅과 맞춤형 메시지 구현을 가능하게 만든다. 그렇다면 퍼스트파티 데이터는 구체적으로 어떻게 활용해야 효과적일까? 대표적인 항목과 그 활용

방안을 다음과 같이 정리할 수 있다.

구분	설명
검색 키워드 및 카테고리 탐색 경로	고객이 검색한 키워드와 카테고리에 대한 정보는 고객의 관심사와 쇼핑 습관을 파악하는 데 중요한 역할을 한다. 예를 들어, 특정 제품을 검색한 고객에게 해당 제품에 대한 맞춤형 광고를 제공할 수 있다.
장바구니 담기 / 위시리스트 등록	고객이 장바구니에 제품을 담거나 위시리스트에 상품을 등록한 정보는 고객이 구매를 고려하는 단계에 있다는 중요한 신호이다. 이 데이터를 기반으로 구매로 유도하는 광고를 제공할 수 있다.
브랜드/상품 상세페이지 체류 시간	고객이 브랜드나 상품 상세페이지에서 얼마나 오래 머무는지는 구매 의도를 평가하는 중요한 지표다. 고객이 특정 상품을 오래 조회했다면, 이를 기반으로 해당 상품에 대한 맞춤형 광고를 노출시킬 수 있다.
결제 시점/구매 빈도/ 재구매 주기	결제 시점, 구매 빈도, 재구매 주기 등은 고객의 구매 습관과 충성도를 측정하는 중요한 요소다. 이 정보를 활용하여 고객의 구매 가능성을 예측하고, 맞춤형 프로모션을 제공할 수 있다.
회원 등급, 쿠폰 사용, 앱 푸시 반응률	고객의 회원 등급, 쿠폰 사용 내역, 앱 푸시 메시지에 대한 반응률은 고객의 충성도와 마케팅 반응을 평가하는 데 중요한 역할을 한다. 고관여 고객에게 더 개인화된 혜택을 제공하거나 쿠폰형 광고를 제공할 수 있다.

퍼스트파티 데이터의 종류

퍼스트파티 데이터는 고객의 디지털 행동을 추적하고 해석할 수 있는 가장 강력한 도구다. 검색, 클릭, 장바구니, 구매 이력까지 고객이 남긴 모든 흔적은 광고 타깃팅을 정밀하게 설계할 수 있는 근거가 된다. 광고 플랫폼은 이 데이터를 기반으로 고객 맞춤형 광고를 제공하고, 구매 가능성이 높은 시점에 리마케팅을 실행하며, 개인화된 프로모션과 할인 메시지를 최적화함으로써 구매 전환율을 높이고 브랜드 경험을 강화할 수 있다. 데이터를 수집하는 것을 넘어서 고객의 맥락에 맞게 활용하는 것이 퍼스트파티 데이터의 진정한 힘이다.

리테일 미디어에서 퍼스트파티 데이터는 정확한 타이밍에, 정확한 메시지를 전달하는 광고를 실현한다. 이는 광고주의 마케팅 전략

구분	설명
정교한 타깃 세분화	예를 들어, 최근 7일 이내 특정 카테고리를 검색한 고객을 대상으로 타깃 광고를 실행할 수 있다. 고객이 관심을 보인 카테고리나 제품에 따라 광고를 세분화하여, 더욱 정확하게 타깃팅할 수 있다.
구매 가능성 기반 광고 노출	3회 이상 상품을 탐색한 고객에게만 광고를 노출시키는 방식이다. 고객이 구매를 고려하고 있지만, 구매를 하지 않은 상태인 경우, 이를 기반으로 구매 유도 광고를 제공하여 구매 가능성이 높은 고객을 타깃팅할 수 있다.
리마케팅/리타깃팅 자동화	고객이 장바구니를 이탈한 경우, 이를 기반으로 리타깃팅 광고를 자동화하여 이탈 고객에게 쿠폰형 광고나 할인 혜택을 제공할 수 있다. 이 방식은 구매 전환율을 높이는 데 효과적이다.
프로모션 최적화	고객의 관여도에 따라 광고 전략을 최적화할 수 있다. 예를 들어, 고관여 고객에게만 특별한 혜택 메시지나 맞춤형 프로모션을 발송함으로써, 광고의 효율성을 극대화할 수 있다. 이 방식은 고객 맞춤형 프로모션을 통해 구매 전환을 더 많이 유도할 수 있다.

퍼스트파티 데이터를 활용한 광고 기능

을 더욱 효율적으로 만들어줄 뿐 아니라, 고객과의 관계를 신뢰 기반으로 구축할 수 있게 해주는 핵심 자산이다. 결국 퍼스트파티 데이터는 성과 중심의 광고를 설계하는 사람에게 없어서는 안 될 전략적 무기다.

왜 퍼스트파티 광고가 더 강력할까?

퍼스트파티 데이터를 기반으로 한 광고는 광고 전략의 판을 바꾸는 도구다. 과거에는 얼마나 많은 사람에게 광고를 노출시키는지가 중요했다면, 이제는 누구에게, 언제, 어떤 맥락에서 광고를 보여주느냐가 더욱 중요해졌다. 그 핵심이 퍼스트파티 데이터다. 이 데이터는 고객의 실질적인 관심사와 구매 행동을 반영한다. 검색, 클릭, 장바구니, 구매 이력 등 고객이 남긴 흔적은 그 사람이 어떤 브랜드를 선호하고, 어떤 상품을 망설였는지, 언제 다시 돌아올 가능성이 있는지 알려준다. 이 정보들은 곧 정확한 타깃팅의 근거가 된다. 예를 들어, 특정 카테고리를 반복적으로 탐색한 고객에게 관련 상품을 노출시키면 그 광고는 '보이는 것'을 넘어 '끌리는 것'이 된다.

또한 퍼스트파티 데이터는 타이밍을 설계할 수 있게 한다. 고객이 상품을 탐색한 직후, 혹은 장바구니에 담은 채 머물러 있는 순간, 바로 그 망설임의 시간에 광고를 띄우는 것이 가능하다. 그 타이밍에 맞춰 할인 쿠폰이나 신상품 추천이 도착하면 구매로 이어질 가능성은 비약적으로 높아진다.

광고 예산의 효율성도 커진다. 누가 내 광고를 봤는지조차 알 수 없던 시절에는 불필요한 노출도 광고비에 포함됐다. 하지만 퍼스트파티 데이터는 전환 가능성이 높은 고객만 골라내어 광고를 노출시키는 것이 가능하다. 이는 예산 낭비를 줄이고, ROAS를 극대화하는 구조로 이어진다. 무엇보다 퍼스트파티 데이터의 진짜 강점은 외부 변화에 흔들리지 않는다는 점이다.

서드파티 쿠키의 지원 종료, 개인정보 보호 규제의 강화, 애플과 구글의 정책 변화는 광고 생태계 전반을 흔들고 있다. 그러나 퍼스트파티 데이터는 광고주가 자체 플랫폼 안에서 직접 수집한 정보이기 때문에 외부 환경의 변화에 영향을 받지 않는다. 즉, 안정적이고 지속 가능한 광고 설계가 가능하다.

퍼스트파티 광고는 클릭만 유도하는 게 아니라, 고객과의 관계를 정교하게 설계하는 전략적 연결 도구다. 누가, 언제, 무엇을 보고, 어떻게 반응할지를 미리 읽고 준비할 수 있기에, 퍼스트파티 광고가 지금뿐 아니라 앞으로 더 강력해질 이유다.

퍼스트파티 데이터를 기반으로 한 광고 전략은 단지 기술적 진보가 아니다. 그것은 고객의 행동을 이해하고, 광고를 통해 관계를 설계하는 방식의 변화다. 누구에게, 언제, 어떤 메시지를 보낼 것인가에 대한 고민은 이제 감이 아니라 데이터로 해결한다.

퍼스트파티 광고의 가장 큰 장점은 광고주가 스스로 예측 가능한 광고 전략을 설계할 수 있다는 점이다. 광고비를 어디에, 언제, 누구에게 쓰는지가 명확해지고, 그 결과 또한 정밀하게 추적되고 분석된다. 무엇보다 이 전략은 브랜드가 자사 몰에서만 작동하는 것이 아니라, 쿠팡, SSG.COM, 네이버, 올리브영 등 다양한 유통 플랫폼에서 퍼스트파티 데이터를 활용한 맞춤형 광고 전략을 실행할 수 있도록 해준다.

고객의 구매 여정에서 행동 데이터를 기반으로 광고를 노출함으로써, 더 높은 구매 전환율과 더 깊은 브랜드 경험을 동시에 설계할 수 있다. 퍼스트파티 데이터는 정확한 타깃팅, 효율적인 예산 운용, 예측 가능한 성과라는 광고 전략의 핵심 요소들을 모두 가능하게 만드는 기반이다. 그리고 이 기반 위에서 설계된 리테일 미디어는 브랜드의 지속적인 성장을 뒷받침하는 가장 강력한 마케팅 자산이 된다.

데이터가 광고를 이끌고, 광고가 플랫폼을 움직인다

퍼스트파티 데이터는 광고 타깃팅의 도구에 그치지 않는다. 이제는 플랫폼 내 고객 흐름을 해석하고, 상품 구성, 프로모션 전략, 추천 알고리즘, 푸시 메시지, 검색 키워드 설계 등 리테일 비즈니스의 모든 전략적 의사결정을 움직이는 핵심 자산으로 자리 잡았다.

이 데이터는 단순히 광고의 효율성을 높이는 데 그치지 않고, 플랫폼의 성장과 고객 경험을 최적화하는 데 중요한 역할을 한다.

퍼스트파티 데이터는 고객의 검색 이력, 구매 행동, 장바구니와 위시리스트에 담긴 제품 등 고객의 모든 디지털 행동을 실시간으로 추적한 것으로, 이를 기반으로 고객의 선호도와 구매 패턴을 분석할 수 있다. 이를 통해 광고주는 정확한 타깃팅을 할 수 있을 뿐만 아니라, 상품 구성과 프로모션 전략을 고객 맞춤형으로 설계할 수 있다. 고객이 자주 검색하는 카테고리에 맞춰 맞춤형 제품을 추천하고, 구매 이력을 기반으로 리마케팅을 진행하는 전략을 펼칠 수 있다.

이와 같은 데이터는 광고를 타깃팅하는 것 이상의 영향을 미친다. 상품 구성과 프로모션 전략은 고객의 개인화된 니즈를 반영하여 더욱 효율적인 판매 전략을 구축할 수 있다. 예를 들어, 고객의 관심 상품이나 구매 가능성이 높은 상품을 선별하여 추천 알고리즘을 최적화하면, 고객의 쇼핑 경험을 개인화하여 더 많은 구매 전환을 이끌어낼 수 있다.

퍼스트파티 데이터는 광고의 설계를 넘어 플랫폼 자체의 성장을 이끄는 중요한 요소로 작용한다. 데이터를 통해 광고 효과를 분석하고, 이를 정교하게 최적화함으로써 광고의 효율성을 극대화할 수 있다. 예를 들어, 푸시 메시지나 앱 내 배너는 고객 행동을 기반으로 맞춤형 정보를 제공하여 고객이 광고를 긍정적으로 받아들이도록 유도한다. 이 방식은 고객의 광고 수용성을 높이고, 플랫폼 내 상호작용을 촉진하는 중요한 전략이 된다. 또한, 검색 키워드 설계는 퍼스트파티 데이터를 활용하여 고객의 검색 패턴을 반영한 효율적인 광고를 제공한다. 이를 통해 고객이 가장 필요로 하는 제품이나 서비스가 적시에 노출되어 광고의 구매 전환율을 높일 수 있다. 결국 퍼스트파티 데이터를 보유한 플랫폼은 고객을 가장 잘 이해하므로, 광고를 가장 효과적으로 설계할 수 있으며 플랫폼을 성장시키는 데 유리하다.

디지털 자산으로서의 데이터는 이제 디지털 비즈니스 자체를 움직이는 중심축이 되었다. 데이터가 광고 전략을 이끌고 광고가 플랫폼의 성장을 촉진하는 상호작용을 통해, 리테일 비즈니스는 지속적으로 발전하며 경쟁력을 높일 수 있다. 퍼스트파티 데이터는 플랫폼의 핵심 자산으로서 광고의 정확성, 효율성, 고객 경험의 향상에 기여하며, 디지털 비즈니스의 미래 성장을 이끄는 중요한 동력이 된다. 리테일 미디어를 통해 고객 맞춤형 광고 전략과 플랫폼 성장을 동시에 이끌어낼 수 있는 기반이 바로 이 데이터에 있다.

광고가 '알아서' 움직이는 기술

RETAIL MEDIA

　리테일 미디어에서 기술은 더 많은 광고를 보여주기 위한 수단이 아니다. 이제 광고 기술의 본질은 더 '정확한' 광고를, 더 '적절한 타이밍'에 노출시키는 것이다. 그리고 그 정교한 타이밍과 타깃팅을 가능하게 만드는 기술의 중심에는 AI 기반의 추천 알고리즘이 있다.

　AI 추천 광고는 고객의 맥락을 읽는다. 검색한 상품, 클릭한 페이지, 장바구니에 담긴 구성, 구매 빈도, 시간대, 요일, 심지어 날씨까지, AI는 이 모든 데이터를 조합해 지금 이 고객이 무엇에 관심을 가질 가능성이 높은지, 어떤 제품을 구매할 확률이 높은지 예측하고, 어떤 지면에, 어떤 위치에서, 어떤 방식으로 노출시킬지 결정한다. 탐색 단계에 있는 고객에게는 리뷰가 많은 인지도 높은 제품을 먼저 보여주고, 결정 단계에 진입한 고객에게는 할인 정보가 포함된

고전환 상품을 배치한다. 이처럼 AI는 상품을 추천해줄 뿐 아니라, 구매 전환 가능성이 높은 시점과 위치를 정밀하게 판단해 광고를 자동으로 최적해준다.

이제는 사람이 수동으로 타깃을 설정하고 광고 지면을 배분하는 시대가 아니다. AI는 매 순간 수십만 명의 고객 행동 데이터를 분석하고, 그에 맞는 광고를 알아서 제공한다. 그리고 이 구조는 광고주의 리소스를 획기적으로 줄여주고, 성과 기반 운영의 신뢰도를 높여준다. 이제 광고주는 누구에게 보여줄지 고민하지 않는다. 예산만 설정하면 성과는 알고리즘이 설계해주는 구조이므로, 전략적인 운영에 집중할 수 있다. 이것이 바로 AI 기술이 리테일 미디어에서 작동하는 진짜 방식이다. '많이 보여주는 기술'이 아니라, '정확히 도달하는 기술'이 광고 기술의 새로운 역할이다.

왜 추천 알고리즘이 전환을 이끌까?

리테일 미디어에서 추천 알고리즘은 상품을 자동 노출하는 시스템 이상의 것이다. 고객의 '지금'을 읽고 '다음'을 예측하는 정교한 전환 설계 엔진이다. 고객이 어떤 상품에 관심을 가졌는지, 언제 탐색했고, 어떤 조건에서 망설였는지 추적한 뒤, 가장 설득력 있는 상품을 가장 설득력 있는 순간에 노출시킨다. 예를 들어, 한 고객이 스킨케어 제품을 반복해서 검색한다면, AI는 그 행동 패턴을 감지

해서 인기 있는 스킨케어 신상품, 평점이 높은 제품, 현재 할인 중인 동일 카테고리 상품을 추천한다.

하지만 진짜 핵심은 '언제' 보여주느냐에 있다. 이 고객이 제품을 주로 탐색하는 요일, 시간대, 디바이스 유형까지 고려해 가장 반응할 가능성이 높은 시점에 광고를 노출한다. 추천은 '좋은 상품을 보여주는 것'이 아니라, '전환 가능성이 가장 높은 순간을 설계하는 것'이다. 이처럼 AI 기반 추천 시스템은 노출 매체의 크기보다 노출의 정밀도가 더 중요해진 시대에 광고 효율성을 극대화하는 가장 직접적이고 강력한 도구로 작동한다. 리테일 미디어는 이 지점에서 광고를 '뿌리는 행위'가 아닌, '데이터로 매출을 설계하는 전략'으로 진화한다.

추천 시스템은 리테일 미디어에서 고객 맞춤형 광고를 제공하는 핵심 기술로 자리 잡았다. AI 기반의 추천 시스템은 고객 행동 분석을 통해 개인화된 경험을 제공하며, 고객이 원하는 시점에 필요한 상품을 제시함으로써 광고 효과를 극대화한다. 광고주 입장에서는 고객 맞춤형 광고가 가능해지며, 구매 전환율이 높아지는 것은 물론 광고 예산도 효율적으로 사용할 수 있다.

결론적으로, 추천 시스템은 상품 노출을 넘어, 고객 경험과 구매 전환을 예측하는 전략적 알고리즘이다. AI 기반 추천 시스템은 리테일 미디어 전략에서 핵심 엔진 역할을 하며, 고객 맞춤형 광고와 광

핵심 기능	설명
구매 예측	고객이 어떤 상품을 원할지, 언제 해당 상품에 관심을 가질지 예측한다. 고객의 검색 이력, 브라우징 패턴, 장바구니 내역 등을 통해 고객의 잠재적인 구매 의도를 파악한다.
노출 타이밍 최적화	고객이 구매 결정을 내리기 전에 적절한 타이밍에 추천 상품을 노출시켜 구매 전환율을 극대화한다. 예를 들어, 고객이 장바구니에 상품을 담은 직후, 또는 브라우징을 통해 관심을 보인 제품에 대해 타이밍을 맞춰 추천을 제공한다.
대상 정교화	고객 맞춤형 타깃팅을 통해 광고의 효율성을 높인다. AI 기반 알고리즘은 고객의 성향이나 행동 패턴을 분석해 타깃을 세분화하고, 이를 바탕으로 정확한 상품 추천을 제공한다.
전환 가능성 기반의 추천	고객이 구매로 이어질 확률이 높은 상품을 우선적으로 노출시키며, 구매 전환 확률을 높이는 전략을 취한다. 이는 추천 시스템이 고객의 행동 데이터를 기반으로 가장 효과적인 광고를 선택하는 방식이다.

추천 시스템의 핵심 기능

고 효율성 극대화에 크게 기여한다. 리테일 미디어에서의 추천 알고리즘은 이제 광고 성과를 이끌어내는 중요한 요소로 자리매김하고 있다.

AI 추천 시스템의 작동 구조

리테일 플랫폼 내 AI 광고 추천 시스템은 고객의 행동 데이터를 기반으로 광고를 최적화하는 데 중요한 역할을 한다. 이 시스템은 다섯 가지 주요 단계를 거쳐 작동하며, 각 단계는 고객 맞춤형 광고를 제공하고 구매 전환율을 극대화하는 데 기여한다. 이 과정을 통해 광고주는 가장 관련성 높은 제품을 정확한 시점에 고객에게 자동으로 노출시킬 수 있다.

AI 추천 시스템의 첫 번째 단계는 고객의 행동 데이터를 수집하는 것이다. 이 데이터는 고객이 리테일 플랫폼 내에서 검색한 키워드, 클릭한 상품, 장바구니에 담은 아이템, 구매 이력, 상품 페이지에서의 체류 시간, 선호하는 카테고리 등 다양한 디지털 행동을 포함한다. 고객의 전체적인 쇼핑 여정을 추적하는 이 데이터는 추천 시스템의 기초를 형성

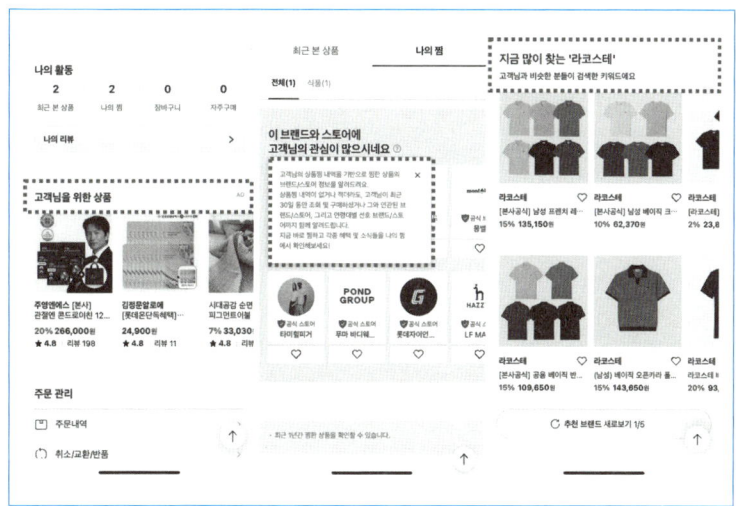

개인화 추천 시스템: 롯데ON 사례

* 이미지 출처: aws 코리아 홈페이지

하며, 고객이 실제로 어떤 상품에 관심을 가졌는지에 대한 중요한 정보를 제공한다.

두 번째 단계는 머신러닝 알고리즘을 사용해 유사 고객군(클러스터)과 행동 패턴을 분석하는 것이다. 시스템은 수집한 데이터를 바탕으로 고객의 행동 패턴을 인식하고, 비슷한 행동을 보인 고객군을 그룹화한다. 예를 들어, 특정 카테고리에서 여러 번 구매한 고객들을 하나의 클러스터로 묶고, 그들의 선호도를 추적하여 다음 행동을 예측하는 방식이다. 이렇게 고객을 세분화하고 유사성을 파악하는 과정은 추천의 정확도를 높이는 데 핵심적인 역할을 한다.

세 번째 단계는 전환 확률을 계산하는 것이다. AI 추천 시스템은 특정 상품이 특정 고객에게 노출될 때 구매 전환이 일어날 확률을 예측한다. 이 과정에서는 과거 행동 데이터를 기반으로 고객이 상품을 구매할 가능성을 계산한다. 예를 들어, 최근에 특정 제품을 자주 검색한 고객이라면 구매로 이어질 확률이 높다고 판단하여 해당 상품을 추천한다. 구매 전환 확률 계산은 광고가 효과적인 시점에 노출되도록 하는 중요한 부분이다.

네 번째 단계는 지면(슬롯)별로 가장 적합한 상품을 자동으로 선택하는 것이다. AI 시스템은 추천할 상품을 광고 지면이나 슬롯에 맞게 자동으로 선택한다. 예를 들어, 배너 광고, 푸시 알림, 상품 상세페이지 내 추천 등 각각의 광고 자리에서 가장 적합한 상품을 우선순위에 따라 결정한다. 이 과정은 광고를 효율적으로 노출시켜서 고객의 구매 전환을 최적화하는 데 중요한 역할을 한다.

마지막 단계는 실시간 반영 및 개선이다. 광고가 노출된 후, 클릭이나 구매 전환 데이터를 수집하여 이를 다시 알고리즘에 학습시키는 과정이다. 이 데이터를 통해 AI 추천 시스템은 자기 학습을 거듭하기 때문에 시간이 지날수록 추천의 정확도가 높아진다. 고객이 어떤 상품을 클릭하거나 구매했다면, 해당 행동 데이터를 기반으로 다음 추천을 더 정교하게 조정할 수 있는 것이다. 이는 실시간 피드백을 통해 시스템의 효율성을 지속적으로 개선하는 방식으로, AI

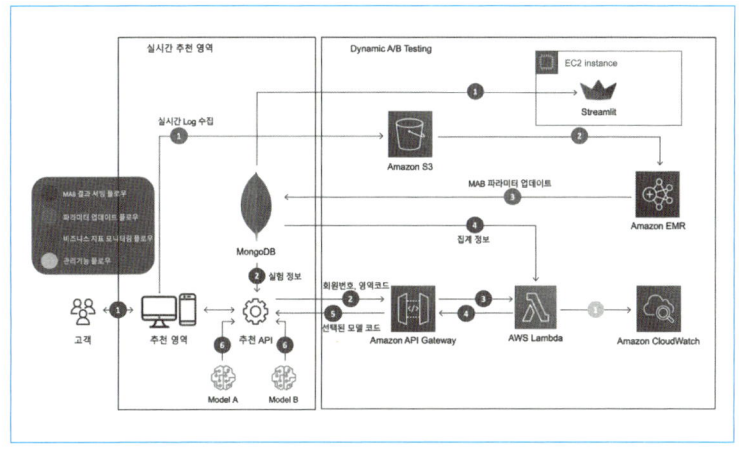

개인화 추천 시스템: 롯데ON 사례

* 이미지 출처: aws 코리아 홈페이지

추천 시스템은 점점 더 고도화된 맞춤형 광고를 제공한다.

AI 기반 추천 시스템은 이러한 단계를 거쳐 고객 맞춤형 광고를 제공하며, 광고 효과를 극대화한다. 데이터 수집부터 실시간 반영까지, 각 단계는 고객 행동에 기반한 정확한 타깃팅과 효율적인 광고 전환을 목표로 하여, 광고주가 광고 예산을 최적화할 수 있게 만든다. 추천 알고리즘은 플랫폼 내 고객 경험을 향상시키고, 고객에게 더욱 관련성 높은 광고를 제공하는 중요한 핵심 기술로 자리 잡고 있다.

전환 가능성, 어떻게 예측할 수 있을까?

AI 기반 추천 시스템에서 가장 중요한 핵심 지표는 클릭률이나 노출수가 아니라 전환율이다. 즉, '누가 이 광고를 클릭할까?'보다는 '누가 이 광고를 클릭하고 실제로 구매할까?'에 초점을 맞춘다. 클릭수나 노출수는 단기적인 광고 효율을 측정하는 지표일 수는 있지만, 구매 전환 가능성에 중점을 두는 것이 장기적인 광고 효과를 극대화하는 데 더 중요하다.

구매 전환 가능성의 예측은 AI 추천 시스템이 고객 행동 데이터를 분석하여 어떤 고객이 광고를 클릭하고 구매할 가능성이 높은지 예측하는 과정이다. AI 알고리즘은 고객의 최근 검색 이력, 구매 이력, 장바구니 이탈 패턴 등을 분석하여, 광고가 실제 구매로 이어질 가능성이 높은 고객을 선별한다. 예를 들어, 최근 7일간 특정 브랜드를 3회 이상 탐색한 고객이나 같은 카테고리에서 장바구니 이탈률이 낮은 고객군은 구매 전환 가능성이 높다고 판단된다. 그러므로 이 고객들에게 우선적으로 광고를 노출시킨다.

구매 전환 가능성 예측을 기반으로 한 광고 타깃팅은 광고주가 더 높은 구매 전환율을 달성할 수 있도록 돕는다. 전환 가능성이 높은 고객을 우선 노출시키면, 광고 효과가 극대화되고 고객의 구매 전환율을 높이는 데 유리하다. 이는 AI 추천 시스템이 제공하는 데이터 기반 광고로, 고객 맞춤형 광고가 구매를 유도하는 가장 효율적인 방법임을 보여준다.

이러한 접근 방식은 광고 성과의 불확실성을 낮추고, 정해진 예산으로 더 많은 성과를 유도할 수 있는 광고 수익률 중심 전략을 가능하게 만든다. 전환율을 기준으로 한 광고 전략은 노출과 클릭에만 의존하지 않고, 실제 구매로 이어지는 경로를 최적화하는 방향으로 나아간다. 그러면 광고 예산을 더욱 효율적으로 사용할 수 있으며, ROI를 높여준다.

AI 기반 추천 시스템에서 전환 가능성 예측은 광고 전략의 핵심 요소로, 클릭률이나 노출수와 같은 전통적인 지표보다 실질적인 구매 전환을 중요시한다. 이 방식은 광고가 실제 구매로 이어질 가능성을 최우선으로 고려해서 광고 수익률을 극대화하는 데 매우 효과적이다. AI 알고리즘을 통해 고객 맞춤형 광고를 정확하게 타깃팅하

예시	설명
구매 이력 기반 타깃팅	고객이 특정 브랜드나 상품을 자주 구매하는 패턴을 보인다면, 해당 고객에게 유사한 제품을 광고할 때 구매 전환 가능성이 높다고 판단하여, 광고 노출 우선순위를 높일 수 있다.
검색 행동 기반 타깃팅	고객이 최근에 특정 카테고리나 상품군에 대해 자주 검색하거나 클릭했다면, 이 고객은 해당 제품에 대한 구매 의도가 높다고 분석되고, 그에 맞춰 추천 광고가 자동으로 노출된다.
장바구니 이탈자 리타깃팅	장바구니에 담긴 제품을 결제하지 않은 고객에게 할인 쿠폰이나 추가 혜택을 제공하는 리타깃팅 광고를 실행하여 구매 전환을 유도할 수 있다. 이 경우, 고객이 구매를 망설이는 순간에 적합한 광고 메시지를 노출시켜, 구매 결정을 이끌어낼 수 있다.

전환 가능성 예측을 활용한 실질적인 예시

고, 전환 가능성이 높은 고객을 우선 노출시키는 전략은 효율적으로 광고 예산을 운영하고 높은 ROI를 거둘 수 있게 한다.

추천 알고리즘을 활용한 대표 사례

추천 알고리즘은 자동화 기술을 넘어서, 퍼스트파티 데이터를 기반으로 고객 행동을 해석하고 이를 학습한 알고리즘이 UX 지면과 광고 상품 구조에 맞게 최적화된 노출을 설계하는 전략적 시스템의 총합이다. 국내 주요 리테일 플랫폼들은 나름의 강점을 중심으로 추천 시스템을 리테일 미디어에 통합해 성과 중심의 광고 구조를 만들어내고 있다.

SSG.COM: 고객 구매 여정을 자동 분석하여 전환 가능성이 높은 시점과 지면에 상품을 노출

SSG.COM은 AI 추천 광고 시스템을 통해 고객의 구매 여정을 실시간으로 분석한다. 고객이 검색하거나 장바구니에 담은 상품, 구매 이력 등을 종합적으로 고려하여, 구매 전환 가능성이 가장 높은 시점과 광고 지면에 맞춰 상품을 추천한다. 예를 들어, 고객이 특정 카테고리에 관심을 보였을 경우, 그 고객이 구매를 망설이는 시점에 할인 쿠폰이나 추가 혜택을 제공하는 방식으로 구매 전환율을 높이는 전략을 구현한다. 이처럼 구매 여정 분석을 기반으로 한 추천 시스템은 고객의 개인화된 쇼핑 경험을 개선하고, 광고 효과를 극대화한다.

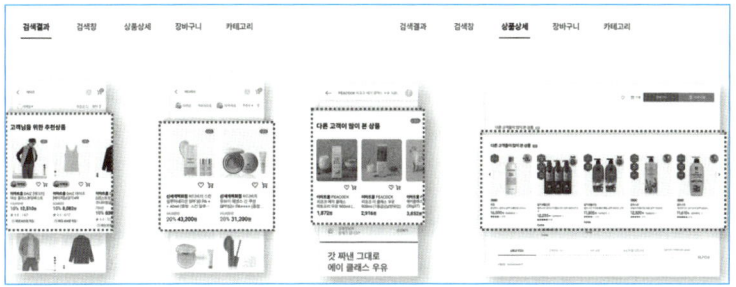

구매 전환율이 우수할 것으로 판단되는 지면과 시점에 가장 적합한 상품을 노출시킨다
* 이미지 출처 : 트렌드M, 리테일 미디어 비즈니스 마케팅 발표 자료

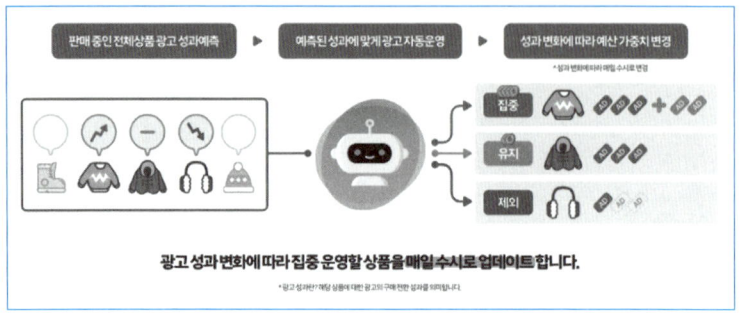

광고 성과 변화에 따라 상품을 업데이트하는 쿠팡 AI 스마트 광고
* 이미지 출처: 쿠팡 광고 홈페이지

쿠팡: 상품과 고객 사이의 상관도 기반으로 추천 우선순위를 실시간 조정

쿠팡은 상품과 고객 사이의 상관도를 기반으로 추천 우선순위를 실시간으로 조정하는 시스템을 운영한다. AI 알고리즘은 고객의 검색 패턴, 구매 이력, 장바구니 내역 등을 분석하여, 고객과 가장 관련성이 높은 상품을 자동으로 우선 노출시킨다. 또한, 실시간 데이터를 활용하여 고객의 행동 패턴 변화에 맞춰 추천 상품을 조정하므로 구매 전환율을 최대화할 수 있다. 쿠팡의 추천 시스템은 상관도 분석을 통해 고객 맞춤형 쇼핑 경험을 제공한다

올리브영: 앱 내 뷰티 콘텐츠와 리뷰 기반 추천 알고리즘을 광고와 결합하여, 사용자 반응률과 전환율 향상

올리브영은 앱 내 뷰티 콘텐츠와 리뷰 기반의 추천 알고리즘을

광고와 결합하여, 사용자 반응률과 전환율을 향상시킨다. AI 추천 시스템은 고객의 사용 후기와 리뷰 데이터를 기반으로, 제품의 신뢰도와 효과성을 강조하는 추천을 자동으로 제공한다. 뷰티 콘텐츠와 추천 광고가 결합된 시스템은 고객에게 유용한 정보를 제공하며, 그 과정에서 광고 수용성을 높이고 구매 전환을 촉진한다. 올리브영의 접근 방식은 소셜 증거와 개인화된 광고를 결합하여 고객 경험을 향상시키는 전략을 실현한 것이다. (올리브영은 AI 추천 시스템 구축을 위해 로켓뷰를 인수한 바 있다.)

네이버: 검색 이력 기반 자동 입찰 추천+고객 관심군(스마트 타깃) 기반 지면 노출

네이버는 검색 이력을 기반으로 한 자동 입찰 추천 시스템과 고객 관심군(스마트 타깃)을 기반으로 광고 지면에 상품을 노출하는 방식의 추천 시스템을 운영한다. 고객이 검색한 키워드와 최근 검색 패턴을 기반으로, 해당 고객이 관심을 가질 만한 광고를 자동으로 입찰하여 검색 결과에 노출시키는 방식이다. 또한, 스마트 타깃 기능을 통해 고객의 관심사에 맞는 광고 상품을 노출시켜 광고 효율성과 구매 전환율을 극대화한다. 이 시스템은 고객 맞춤형 광고를 통해 타깃팅 정확도를 높이고 광고 효과를 극대화한다.

추천 시스템은 리테일 미디어에서 고객 맞춤형 광고를 실현하는 중요한 기술이다. 각 플랫폼은 퍼스트파티 데이터, AI 알고리즘, UX

커머스 특화 성과형 광고

*이미지 출처: 네이버 광고 홈페이지

설계, 광고 상품 구조를 유기적으로 결합하여, 고객 경험을 개인화하고 광고 효과를 극대화한다. 위의 사례들처럼, 추천 알고리즘은 구매 전환율을 높이는 핵심 요소로, 리테일 플랫폼에서 광고주에게 더 높은 ROI를 제공하며, 고객과의 관계를 강화하는 데 중요한 역할을 한다.

추천은 기술이 아니라 전략이다

많은 기업이 'AI 추천'을 기술로만 접근하지만, 리테일 미디어 내에서 추천 시스템은 단순한 기술 구현을 넘어서 광고 성과를 장기적으로 설계하는 전략적 자산이다. 광고주가 고객의 구매 가능성이나 브랜드 충성도, 시기성과 같은 중요한 변수들을 예측하는 것은 매우 어려운 일이지만, AI 기반의 추천 시스템은 이 모든 변수를 정교하게 계산하고 최적화한다. 추천 알고리즘은 상품을 보여주는 것에 그치지 않고 광고 효율성을 극대화한다.

추천 시스템은 단기적인 광고 효과에 그치지 않고, 장기적인 고객 관계를 구축한다. 예를 들어, 고객이 어떤 제품에 관심을 가질지 예측하고, 언제 그 상품을 보여줘야 구매 전환율이 가장 높을지 계산하는 식이다. 고객의 구매 가능성, 브랜드 충성도, 시기성을 고려하여 효과적인 타이밍에 맞춤형 광고를 제공하는 전략이 핵심이다. 광고를 많이 노출하는 것보다는 가장 적합한 고객에게, 가장 적절한 시점에, 가장 설득력 있는 방식으로 상품을 노출시키는 것이 AI 추천 시스템의 가장 중요한 역할이다. 광고주가 광고를 얼마나 많이 노출하는가보다 중요한 것은 얼마나 효과적으로 노출시키는가이며, 그 해답을 제공하는 것이 AI 추천 시스템인 것이다.

AI 추천 시스템은 고객 맞춤형으로 고객의 관심사와 구매 성향에 맞춰 최적화된 광고를 전달한다. 예를 들어, 고객이 특정 카테고리에서 여러 번 검색하거나 장바구니에 담은 상품을 바탕으로 AI 추천 시스템이 자동으로 상품을 추천하고, 광고 타깃팅을 최적화한다. 이러한 과정은 구매 전환율을 높이고, 광고주가 효율적으로 광고 예산을 운영할 수 있도록 돕는다. 이 시스템은 광고 타깃팅의 효율을 높이는 데 그치지 않고, 고객이 광고를 자연스럽게 수용하게 만들어 광고 경험을 개선하며, 브랜드 충성도를 강화하는 데 중요한 역할을 한다.

이렇듯, AI 추천 시스템은 고객 경험을 개인화하고, 광고주에게는 효율적인 구매 전환율을 제공하는 전략적 도구다. 광고주는 추천 시스템을 통해 고객 행동을 이해하고 고객 맞춤형 쇼핑 경험을 제공함으로써, 브랜드와 고객 간의 관계를 더욱 강화할 수 있다. 광고 성과는 노출 횟수나 클릭수가 아니라, 고객의 실제 구매로 이어지는 전환을 기준으로 평가되어야 한다. 추천 시스템은 기술적 요소를 넘어, 광고 전략의 핵심으로 자리 잡고 있다. AI 추천 시스템을 활용하여 광고주가 고객을 정확하게 이해하면 효과적인 타깃팅을 통해 구매 전환율을 높이는 전략을 실현할 수 있다. 추천 시스템은 이제 리테일 미디어 전략에서 핵심적인 역할을 하며, 장기적인 광고 효과를 이끌어내는 중요한 자산으로 자리매김하고 있다.

광고 효율성과 측정 기술

RETAIL MEDIA

성과가 없으면 광고는 설득력을 잃는다. 디지털 광고 시대에는 광고주는 더 이상 광고를 많은 사람에게 보여주는 데 만족하지 않는다. 얼마나 많이 클릭되었는가, 얼마나 많이 구매로 전환되었는가, 얼마나 많은 수익을 냈는가 등, 광고의 생존과 확장 가능성은 이런 숫자들을 바탕으로 결정된다.

리테일 미디어는 성과 측정이 명확하다. 그렇기에 전통 매체나 포털 기반 광고보다 훨씬 더 정확하고 즉각적인 피드백을 제공한다. 성과 기반 광고는 광고주의 예산 운영 방식까지 바꿔놓는다.

성과 지표는 결과 리포트를 넘어, 그 자체로 광고 전략의 설계 도구이자 효율과 비용을 조정하는 실시간 의사결정 시스템으로 기능한다. 이제 광고는 보여주는 것에서 증명하는 것으로 바뀌었다.

성과 측정 기술은 리테일 미디어를 성과 중심 미디어 플랫폼으로 진화시키는 핵심 요소이며, 앞으로의 광고는 숫자와 전략이 결합된 기술 마케팅으로 진화할 것이다.

리테일 미디어의 신뢰는 '성과 측정'에서 시작된다

리테일 미디어가 기존의 광고 매체와 본질적으로 다른 점이 있다면 광고 성과를 전환 기준으로 정량화할 수 있다는 점이다. 전통적인 광고 매체는 노출만으로 가치를 평가했던 반면, 리테일 미디어는 고객의 전체 여정을 실시간으로 추적하고 노출→클릭→장바구니→구매→ 재구매까지의 과정을 정확하게 측정할 수 있다. 이러한 성과 측정의 정확성은 리테일 미디어의 가장 큰 강점이다. 광고주 입장에서는 광고가 실제 구매로 이어졌는지 정확하게 측정할 수 있기 때문에, 광고의 효율성과 ROI를 명확하게 파악할 수 있다. 이는 리테일 미디어를 기존 광고 매체와 차별화시키는 핵심적인 요소로, 고객의 실제 행동을 기반으로 실질적인 광고 성과를 측정한다.

리테일 미디어에서는 고객이 광고를 클릭한 후 장바구니에 담고 구매를 완료하고 재구매로 이어지는 전체 과정을 실시간으로 추적할 수 있다. 이러한 과정은 구매 전환율을 높이고, 고객이 광고에 반응하는 방식을 이해하는 데 중요한 데이터를 제공한다. 예를 들어, 장바구니 이탈률이나 구매 후 행동을 추적하여, 광고주가 구매 전환으로 유도할 수 있는 최적의 시점을 파악하는 것이다.

이와 같은 세부적인 성과 측정은 광고주가 효율적으로 광고 예산을 운영하게 하며, 각 광고의 성과를 명확히 분석할 수 있는 기반을 제공한다. 광고주는 어떤 광고가 실제로 구매 전환을 이끌어냈는지, 어떤 부분에서 구매를 유도할 수 있었는지 파악한다. 이로 인해 리테일 미디어는 광고주의 입장에서 매우 매력적인 전략이 되며, 광고 상품을 설계하고 고도화하는 핵심 동력이 된다.

리테일 미디어는 실시간 성과 측정을 통해 광고 상품을 고도화하는 중요한 동력을 제공한다. 광고 성과를 기반으로 고객의 행동 패턴을 분석하고 타깃팅 전략을 정교하게 할 수 있다. 예를 들어, 고객이 장바구니에 담고 이탈한 상품에 대해 리타깃팅 광고를 노출하거나, 구매 직후 고객에게 재구매 유도 광고를 제공하는 등 광고 상품을 최적화한다. 플랫폼은 고객 데이터를 기반으로 광고 상품을 설계하고, 그 성과를 지속적으로 분석하여 광고 효과를 극대화할 수 있는 방법을 찾아낸다. 이는 리테일 미디어의 지속 가능한 성장에 중요한 역할을 한다. 또한, 전환율을 중심으로 한 광고 성과 측정은 플랫폼의 광고 상품을 지속적으로 고도화한다.

고객 행동을 실시간으로 추적하고 광고 성과를 명확히 분석할 수 있는 성과 기반의 접근 방식은 리테일 미디어가 기존 광고 매체와 본질적으로 차별화되는 이유다. 이는 광고주가 ROI를 극대화하고, 광고 상품을 최적화하여 구매 전환율을 높이는 데 중요한 역할을 한다. 플랫폼은 효율적이고 지속 가능한 광고 전략을 구현하는 데 중요한 기반이 되며, 리테일 미디어는 핵심적인 역할을 한다.

성과 지표는 어떻게 설계되어 있을까?

리테일 미디어에서 사용되는 주요 광고 지표는 성과 기반으로 광고의 효과를 측정하고 최적화하는 데 중요한 역할을 한다. 이러한 지표는 수치적인 데이터만 제공하는 것이 아니라, 광고 전략, 상품 기획, 프로모션 운영 등에 대한 핵심 인사이트를 제공하는 중요한 도구다. 주요 지표는 다음의 표와 같다.

이런 지표는 수치 이상의 의미가 있다. 각각의 지표는 어떤 상품이, 어떤 고객에게, 어떤 타이밍에 노출되었을 때 가장 높은 효율을 거두는지 분석하는 기반을 제공한다. 이러한 분석 결과는 광고 전략의 최적화뿐만 아니라, 상품 기획과 프로모션 운영에도 중요한 인사이트를 제공한다.

예를 들어, CVR이 낮은 경우 광고 콘텐츠나 상품 설명에 대한 수정이 필요할 수 있고, CTR이 낮다면 광고의 타깃팅 또는 디자인에 문제가 있을 수 있다. 또한 ROAS가 낮다면 광고 예산의 재분배나 광고 캠페인 전략을 전반적으로 검토할 필요가 있다. CPA가 높다면 고객 확보 비용을 줄일 방법을 모색해야 하며, 광고 비용의 효

지표	계산값	설명
CTR (Click-Through Rate)	클릭률=클릭수÷노출수	CTR은 광고의 관심도를 판단하는 1차 지표다. 광고가 얼마나 많은 사람들의 관심을 끌었는지를 보여주며, 광고 문구, 이미지 또는 상품의 매력이 얼마나 효과적인지에 대한 첫 번째 평가 기준이 된다. 클릭률은 광고의 타깃팅이나 콘텐츠가 적절한지를 판단하는 데 유용하다.
CVR (Conversion Rate)	전환율=구매수÷클릭수	CVR은 광고가 실제 매출로 연결되는 효율을 나타내는 중요한 지표다. 클릭은 했지만 구매로 이어지지 않는 광고는 성과가 부족하다고 평가할 수 있다. 전환율은 광고의 효과를 평가하는 핵심 지표로, 광고가 실제 구매로 이어지도록 최적화하는 과정에서 중요한 역할을 한다.
ROAS (Return On Ad Spend)	광고 수익률=광고로 발생한 매출÷광고비×100	ROAS는 광고의 투자 대비 성과를 보여주는 가장 중요한 지표로, 광고주가 광고비를 얼마나 효율적으로 사용했는지, 광고비에 비해 수익을 얼마나 창출했는지 측정한다. 이 지표는 광고 비용 회수와 이익 창출을 나타내며, 광고 성과를 경제적 관점에서 평가하는 데 필수적이다.
CPA (Cost Per Acquisition)	고객 확보 비용=광고비÷전환율	CPA는 한 명의 구매자를 유치하기 위한 단가를 측정하는 지표로, 광고주가 고객 확보에 드는 비용을 계산하는 데 사용된다. 고객 확보 비용이 너무 높다면, 광고 전략을 재조정할 필요가 있음을 시사한다. 이 지표는 비용 효율성을 중심으로 한 광고 전략을 구상하는 데 필수적인 데이터를 제공한다.

주요 광고 지표

율성을 높이는 방향으로 전략을 조정해야 한다.

이 지표들은 광고 성과를 실시간으로 분석하고, 효율적이고 전략적인 광고 운영을 가능하게 하며, 플랫폼과 광고주가 지속적으로 최적화된 광고 전략을 수립하는 데 필수적인 역할을 한다.

실시간 리포트는 왜 중요한가?

리테일 미디어 플랫폼에서 가장 중요한 요소 중 하나는 광고주에게 성과 리포트를 투명하게 제공하는 시스템이다. 주요 리테일 플랫폼들은 모두 광고 센터 또는 대시보드 형태의 리포트 시스템을 제공하고 있으며, 이 시스템을 통해 광고주는 실시간 데이터를 확인하고 광고 성과를 분석할 수 있다. 정량적인 지표를 통해 광고 성과를 실제 매출로 연결할 수 있다. 광고주는 성과를 입증할 수 있는 데이터를 실시간으로 확인하면서, 광고 효과를 구체적으로 이해하고, 광고 캠페인을 효율적으로 조정할 수 있다.

실시간 리포트 시스템은 광고주가 비용 효율성을 평가하는 데 중요한 기준을 제공하며, 성과가 입증되지 않는 매체에는 더 이상 비용을 집행하지 않으려는 인식의 변화를 반영한다. 이는 광고주에게 신뢰를 주고, 리테일 미디어 플랫폼이 광고 효율성을 높일 수 있는 중요한 요소로 작용한다. 실시간 리포트 시스템은 광고주에게 성과 평가를 투명하게 제공하고, 더 효율적인 광고 전략을 세우는 데 필수적인 도구다. 정확하고 투명한 성과 데이터는 광고주가 플랫폼을 신뢰하고 지속적으로 광고에 투자하도록 만드는 핵심 요소다.

정교한 측정이 곧 전략이 된다

광고 성과 측정은 광고 지면 설계, 추천 알고리즘, 광고 상품 패

구분	설명
일/주/월 단위 노출수, 클릭수	광고의 노출 빈도와 클릭수를 기간별로 추적하여 광고의 도달률과 반응률을 분석한다.
상품별 클릭률, 전환율	각 상품에 대한 클릭률과 구매로 이어지는 전환율을 확인하여, 어떤 상품이 효과적인지 파악할 수 있다.
광고비 대비 수익률	광고비를 투입한 뒤 발생한 매출을 기반으로 광고 수익률을 실시간으로 측정하여, 광고가 얼마나 효율적으로 운영되고 있는지 확인할 수 있다.
시간대별 성과 분석	어떤 시간대에 광고가 더 높은 성과를 내는지 파악할 수 있어, 광고를 효과적인 시간대에 집중시키는 전략을 세울 수 있다.
타깃군별 반응 차이	고객의 세분화된 반응을 분석하여, 특정 타깃군에 효과적인 광고가 무엇인지 파악할 수 있다.

주요 실시간 리포트 항목

키지 구성, 캠페인 운영 타이밍 등 모든 전략적 의사결정에 직접적인 영향을 미친다. 성과 데이터는 과거의 결과를 분석하여 미래의 전략을 설계하는 핵심 요소가 된다. 각 지표는 효율적인 광고 전략을 구축하는 데 중요한 인사이트를 제공한다.

CTR이 낮다면, 광고 배너 디자인을 수정하는 것도 중요하지만 노출 지면 자체의 고객 적합성을 의심할 필요도 있다. 즉, 어떤 지면에서 광고가 노출되고 있는지, 타깃군과 지면이 잘 맞는지 다시 검토해야 한다. 광고 지면이 잘못 설정되어 있다면, 디자인을 변경하기보다는 노출 위치를 조정하는 것이 효과적일 수 있다.

ROAS가 낮다면, 광고비가 부족한 것이 아니라 광고 타이밍이나 타깃이 잘못 조정되었을 가능성이 있다. 상품 경쟁력이 떨어지거나 타깃 고객층과 상품이 잘못 매칭되었다면 광고의 타깃을 재설정하거나 타이밍을 최적화할 필요가 있다.

CPA가 상승하고 있다면, 광고 효율이 떨어지는 시점에서 리마케팅 구조가 제대로 작동하지 않을 수 있다. 리마케팅 캠페인이 기존 고객을 유도하는 데 실패했거나 타깃이 너무 넓거나 좁은 것이므로, 타깃팅이나 리마케팅 구조를 조정해야 한다.

광고 효율성은 성과를 평가하는 도구일 뿐 아니라, 다음 전략을 설계하기 위한 나침반이 된다. 각 지표는 문제의 핵심을 파악하고, 광고 전략을 개선하는 데 필요한 인사이트를 제공하므로, 광고주는 효율적으로 광고 전략을 설계할 수 있고 데이터 기반의 의사결정은 광고 성과를 지속적으로 개선하는 원동력이 된다.

리테일 미디어는 수치로 말한다

성과 측정 기술이 고도화될수록, 광고주는 더 똑똑해지고 광고 상품은 더 구조화되며 플랫폼은 광고 사업을 수익 중심 모델로 정착된다. 리테일 미디어는 광고 그 자체만을 의미하지 않는다. 리테일 미디어는 측정 가능한 광고, 전략 가능한 광고, 반복 가능한 광고를 전제로, 효율적이고 지속 가능한 광고 운영을 가능하게 한다. 이는 정확한 데이터와 정량적 분석을 통해 광고가 얼마나 효과적인지, 광고 투자가 실제 성과로 이어지는지 똑똑하게 분석하는 시스템이다.

중요한 점은, 광고를 단기적인 노출이나 클릭에만 의존하지 않고 구매 전환을 기반으로 한 장기적인 전략을 세우는 것이다. 데이터 기반으로 광고 성과를 실시간으로 측정하고, 이 정보를 통해 효율적으로 광고 전략을 설계한다. 이런 구조가 완성돼야 브랜드는 광고에 투자할 수 있고, 플랫폼은 광고로 성장할 수 있으며, 소비자는 광고를 방해가 아닌 정보로 받아들인다.

수치로 말한다는 것은, 광고의 효율성을 수치로 측정하고 그 수치를 기반으로 정확한 전략을 세운다는 뜻이다. 광고 성과는 노출이나 클릭 같은 단기적인 지표로만 평가되지 않는다. 구매 전환, ROI, 고객 반응 등 정확한 성과를 정량적으로 측정하여 광고의 효율성을 극대화한다. 이 구조가 잘 만들어지면, 광고주는 광고 예산을 어떻게 효율적으로 운영할지 명확히 알게 되고, 플랫폼은 성과 기반 모델을 통해 지속 가능한 성장을 할 것이다.

리테일 미디어는 데이터와 수치를 바탕으로 한 정교한 광고 전략이다. 광고주는 수치로 검증된 성과를 바탕으로 효율적으로 광고를 운영하고, 플랫폼은 광고 수익을 지속적으로 창출하며 성장할 수 있다. 수치로 말하는 리테일 미디어는 효율적인 광고 투자와 장기적인 성과를 실현하는 중요한 열쇠가 된다.

PART 4

광고인가 전략인가, 리테일 미디어의 진짜 역할

리테일 미디어는 그저 광고 수단이 아니다. 플랫폼의 수익 구조를 바꾸고, 브랜드의 성장 전략을 재편하며, 광고주의 퍼포먼스 마케팅을 다시 설계하게 만드는 총체적인 비즈니스 모델이다. 문제는 누구의 입장에서 이 구조를 바라보느냐에 따라 리테일 미디어가 전혀 다른 모습으로 작동한다는 것이다. 플랫폼은 '수익성과 트래픽'을 기준으로 전략을 짜고, 브랜드는 '고객 경험과 메시지 전달'에 초점을 맞추며, 광고주는 '성과 예측 가능성과 효율성'을 가장 중요하게 여긴다.

리테일 미디어는 정해진 답이 없다. 성공을 위한 전략은 모든 주체의 목적과 역할에 따라 맞춤형으로 설계되어야 하며, 그 과정에서 기술, 데이터, 콘텐츠, 운영 시스템이 유기적으로 연결되어야만 진정한 의미의 성과가 만들어진다.

이 장에서는 리테일 미디어에 광고 채널로만 접근하는 것이 왜 위험한 전략인지 설명하고, 성공하는 리테일 미디어가 공통적으로 갖춘 조건과 플랫폼·브랜드·광고주의 전략적 활용법을 구체적으로 정리한다.

리테일 미디어는 결국 무엇을 광고하는가의 문제가 아니다. 누구의 관점으로, 어떤 전략을 설계할 것인가에 대한 대답이어야 한다.

성공하는 리테일 미디어는 공통점이 있다

RETAIL MEDIA

트래픽,[20] 광고 구좌, 기술, 데이터의 4가지 요소는 리테일 미디어의 성과를 결정짓는 기본 틀이다. 각각의 요소를 얼마나 설계하고 통제할 수 있는지가 플랫폼의 경쟁력이 된다.

핵심 성공 요인	높은 트래픽	광고 구좌	광고 기술	광고 제공
상세 내용	• 방문자 수(고객 수)에 따라 광고 단가 비례	• 구좌 수와 광고 수익 비례 • 구좌가 난립 시, 사용자 경험 감소 및 구좌당 단가 하락	• 타깃팅 / 추천 알고리즘 통한 효율적 광고 집행 • AI 기반 광고 알고리즘 고도화 추이	• 광고 집행 시 관련된 데이터를 판매자에게 투명하게 제공 (광고센터) • 광고 외 플랫폼 데이터 제공 확대 추이

리테일 미디어 사업의 핵심 요인

성공하는 리테일 미디어는 어떤 구조를 가질까?

리테일 미디어는 광고 상품을 파는 비즈니스를 넘어, 고객의 행동을 예측하고, 브랜드의 전략을 수용하며, 기술 기반으로 구매 전환을 유도하는 복합적 수익 모델이다. 리테일 미디어의 핵심은 지속 가능한 비즈니스 모델을 만들기 위해 구조적으로 설계된 시스템을 갖추는 것이다. 이를 위해 단기적인 캠페인 운영이나 광고 판매를 넘어서, 미래 성장 가능성을 염두에 두고 전략적으로 접근해야 한다.

리테일 미디어가 지속 가능하고 확장 가능한 비즈니스가 되려면, 그 시스템이 단기적인 효과에 그치지 않고 장기적인 안정성을 제공할 수 있어야 한다. 이 구조를 이루는 핵심 요소가 트래픽, 구좌, 기술, 데이터의 4가지로, 서로 유기적으로 결합하여 리테일 미디어를 성공적인 광고 모델로 만들 수 있는 기반을 형성한다.

트래픽: 광고는 주목받아야 작동한다

리테일 미디어에서 트래픽은 광고 단가와 광고 효과를 결정짓는 가장 기본적인 요소다. 방문자 수가 많고 체류 시간이 길수록, 광고주 입장에서는 더 많은 고객에게 도달할 수 있는 확률이 높아지며 광고의 CTR과 CVR도 자연스럽게 상승한다. 특히 쿠팡, 지마켓, 네이버, SSG, 무신사, 이마트, 롯데유통군 등 온라인과 오프라인에서 압도적인 트래픽을 자랑하는 플랫폼은 방문자 수와 체류 시간이 방대하기에 광고주에게 큰 기회가 된다. 고객이 매일 접속하고 여러 페이지를 탐색하는 과정에서, 광고 노출과 구매 전환이 이루어질 확률이 높아진다.

플랫폼 입장에서는 전체 트래픽 중 광고 인벤토리로 전환 가능한 영역의 비중을 높이는 전략이 중요하다. 고관여 구매가 발생하는 지점, 즉 검색 결과, 상품 비교 화면, 장바구니, 결제 직전 페이지 등은 가장 높은 광고 가치를 가진 핵심 지면이다. 이러한 지점에서 트래픽을 효율적으로 유도하고, 광고 효과를 극대화하는 방식으로 수익화가 이루어진다.

이마트 디지털 미디어 라인업

* 이미지 출처: 이마트 광고 제안서

광고 구좌: 고객 여정에 맞는 광고 지면 설계

무작정 많은 광고 지면을 확보한다고 해서 광고 효율이 높아지는 것은 아니다. 고객 여정 안에서 광고가 자연스럽게 노출되고, 구매 흐름을 방해하지 않도록 설계된 광고 구좌를 사용하는 것이 중요하다. 고객 여정 중 어떤 시점에 광고가 노출되면 효과적일지 파악하는 것이 광고 성과를 결정짓는다. 가장 많이 활용하는 광고의 유형은 다음과 같다.

광고의 종류	설명
검색 광고	고객이 검색한 키워드를 기반으로 전환을 유도하는 광고. 이 광고는 고객의 구매 의도가 이미 높은 시점에 노출되므로, 구매 전환율이 높다.
추천 광고	AI 알고리즘을 기반으로 구매 가능성이 높은 고객에게 자동으로 노출되는 광고. 이는 고객이 관심을 가질 가능성이 높은 상품을 실시간으로 예측하여 노출한다.
배너 광고	브랜드 인지도를 강화하고, 고객이 관심을 가질 수 있는 제품을 시각적으로 전달하는 광고.
라스트마일 광고	배송 포장지, 영수증, 택배 동봉물 등에서 고객에게 추가 상품을 제안하는 광고. 고객의 구매 경험이 끝난 후에도 추가 구매를 유도하는 방식이다.
오프라인 지면	매장 사이니지, POS 디스플레이 등 오프라인에서도 고객에게 광고를 제공하는 방식. 온라인과 오프라인을 연계한 광고는 고객 경험을 더욱 개인화할 수 있다.

광고의 종류

기술: 자동화와 개인화가 만들어내는 효율

리테일 미디어의 운영 효율과 광고주 만족도를 결정하는 중요한 요소는 광고 집행의 자동화와 고객 맞춤화가 얼마나 잘 이루어지는가에 달려 있다. 광고주가 효율적인 광고 전략을 구축하고 지속적으로 성과를 극대화할 수 있도록 하는 데 필수적인 것이 기술이다.

기술은 자동화된 시스템만이 아니라, AI 추천 알고리즘, 스마트 타깃팅, 시간대별 자동 노출 최적화, 예산 기반 노출 제어, 실시간 입찰 자동화 등 다양한 요소를 포함한다. 이런 기술은 광고가 정확히 맞는 타깃에게, 적절한 시간대에, 효율적으로 노출되도록 돕는다. 예를 들어, 쿠팡의 AI 추천 알고리즘은 고객의 구매 패턴을 분석하여 가장 높은 전환 가능성을 가진 상품을 자동으로 추천하고, 네이버의 스마트 타깃팅은 고객의 행동 데이터를 기반으로 최적의 타깃에게 광고를 노출한다. 또한, 롯데ON 실시간 입찰 자동화는 광고주가 예산을 최적화하고 광고 효과가 최고조에 이를 수 있도록 돕는다. 이러한 기술 요소는 광고 운영자의 리소스를 줄여주는 동시에, 성과 중심의 최적화를 가능하게 한다. 기술을 통해 광고주가 수동적으로 관리할 부분을 최소화하고, 광고 효율을 자동으로 개선할 수 있다.

시간대별 자동 노출 최적화는 특정 시간대에 광고 효과가 극대화되도록 하여, 고객의 행동 패턴에 맞는 광고 노출을 실현한다. 이로 인해 광고비 낭비를 줄이고, 효율적으로 예산을 사용하게 만든다. 또한 기술은 광고 상품을 팔기 쉬운 구조로 변형시킨다. 자동화된 시스템은 광고주가 광고 성과를 빠르게 평가하고, 필요한 조정 작업을 즉각적으로 반영할 수 있게 한다. 브랜드 입장에서는 예측 가능한 효율을 기반으로 지속적으로 광고를 집행할 이유를 제공하며, 지속 가능한 광고 투자를 가능하게 만든다.

기술이 광고 전략을 효율적이고 예측 가능한 방향으로 이끈다는 점에서, 리테일 미디어는 수익 모델을 안정적으로 구축하고 광고주와 플랫폼 모두에게 가치를 극대화하는 핵심 요소로 자리 잡을 수 있다.

데이터: 고객을 이해하는 힘이 광고를 만든다

광고 성과의 차이는 고객 이해도의 차이에 달려 있다. 리테일 미디어는 퍼스트파티 데이터를 중심으로 고객의 검색, 클릭, 탐색, 구매, 이탈까지의 모든 과정을 추적할 수 있다. 이러한 고객 행동 데이터는 광고 타깃팅, 추천, 쿠폰 설계, 리마케팅 시점 등 정교한 광고 전략을 설계하는 데 핵심적인 역할을 한다. 예를 들어, 고객이 특정 카테고리에서 여러 번 검색하고 장바구니에 담았으나 구매하지 않은 상품이 있다면, 이를 바탕으로 리타깃팅 광고가 효과적일 수 있다. 이렇듯, AI 기반의 데이터 분석을 통해 개인화된 광고가 고객의 니즈에 맞춰 제공되며, 이는 구매 전환율을 높여 광고 효율성을 극대화한다.

데이터는 또한 성과 리포트를 통해 광고주와 플랫폼 간의 신뢰를 구축하는 데 중요한 역할을 한다. 노출수, 클릭수, 구매 전환율, ROAS 등에 대한 실시간 리포트가 제공되면 광고주는 광고 성과를 정확하게 평가하고 예산 배분을 정교하게 조정할 수 있다. 예를 들어, 노출수가 높은 광고인데 클릭률이 낮다면, 광고 콘텐츠나 타깃팅 전략을 수정할 필요가 있다. 반대로, ROAS가 높다면 해당 광고

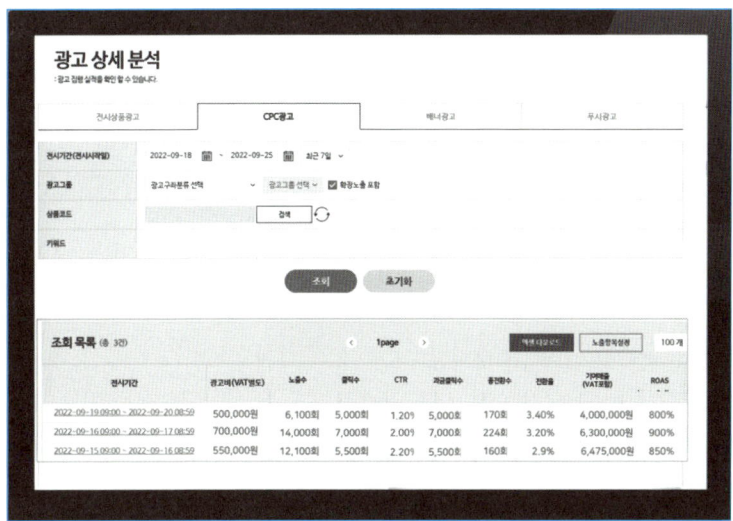

SSG.COM 광고 리포트: 상품별 전환 지표, 확장 노출, 엑셀 다운로드 기능 등 제공〉
* 이미지 출처: SSG.COM 광고 협력사백오피스

를 더 많이 노출시키거나 예산을 추가하는 방식으로 전략을 조정할 수 있다.

이처럼 데이터 기반의 성과 측정은 광고주가 지속적으로 투자 판단을 내리는 데 중요한 역할을 한다. 정확한 성과 분석은 광고주가 효율적으로 광고 예산을 관리하고 광고 전략을 최적화하는 데 필요한 인사이트를 제공한다. 이렇듯, 데이터는 광고 성과를 평가하는 도구를 넘어서, 고객을 이해하는 힘이 되어 광고를 더욱 효과적으로 만든다.

리테일 미디어 성공, 무엇이 동시에 필요할까?

리테일 미디어의 성공을 결정짓는 4가지 요소가 동시에 갖춰져야만 리테일 미디어가 효과적인 수익 모델로 작동할 수 있다. 하나라도 결핍되면, 리테일 미디어는 그 자체로 '상품'으로 기능할 수 없다.

트래픽이 없으면 광고주가 광고 효과를 확인하기 어렵고, 그만큼 광고주의 관심을 끌 수 없다. 트래픽은 광고가 적절한 고객층에 노출되기 위한 첫째 조건이다. 구좌가 부실하면, 광고가 고객 여정에 자연스럽게 포함되지 않아서 고객 흐름을 방해하게 된다. 광고는 고객 경험을 방해하지 않도록 설계되어야 하며, 이때 중요한 것은 광고 구좌의 품질이다. 기술이 부족하면 운영 효율성이 떨어지고 자동화된 최적화가 어려워져, 광고 성과가 감소한다. 기술 기반의 자동화와 AI 추천 알고리즘은 광고 운영을 효율적으로 관리할 수 있도록 돕는다. 데이터가 없으면 광고 성과를 입증할 수 없다. 고객의 행동 데이터는 광고가 효과적이었는지 평가하고 광고 전략을 정교하게 최적화하는 데 필수적이다.

리테일 미디어의 본질적인 경쟁력은 4가지 요소를 얼마나 정밀하게 설계하고 통제할 수 있는지에 달려 있다. 이제 리테일 미디어는 광고를 판매할 뿐 아니라, 고객 여정에 전략적으로 설계된 '전환 시스템'을 판매하는 시대가 되었다. 이를 통해 구매 전환율을 최적화하고, 고객 경험을 해치지 않으면서 효율적인 광고 전략을 제공하는 것이 성공의 핵심이다. 그러므로 트래픽, 구좌, 기술, 데이터의 정교한 결합이야말로 리테일 미디어가 경쟁력을 가질 수 있는 핵심적인 요소다.

브랜드, 유통, 광고주의 관점별 전략

RETAIL MEDIA

광고는 보는 사람의 입장에 따라 전혀 다른 전략이 된다. 같은 광고 상품이라도, 브랜드는 메시지를 어떻게 담을지 고민하고, 유통사는 트래픽을 어떻게 수익화할지 고민하며, 광고주는 성과를 어떻게 예측하고 개선할 수 있을지 고민한다. 리테일 미디어는 바로 이 교차점에서 작동한다. 누가 중심에 서느냐에 따라 전략이 완전히 달라지는 광고 시스템이기 때문이다.

리테일 미디어는 '누가 보는가'에 따라 전략이 달라진다

리테일 미디어는 단일한 목적을 가진 비즈니스가 아니다. 광고를 운영하는 플랫폼, 광고비를 집행하는 광고주, 브랜드 전략을 실행하는 브랜드의 입장이 모두 다르고, 따라서 해석 방식과 전략적 활용 방식 또한 달라진다. 각 주체의 관점에서 리테일 미디어를 어떻게 바라보고 어떤 전략으로 접근해야 효과적인 성과를 도출할 수 있는지 살펴보려 한다.

리테일 미디어는 유통 플랫폼을 대상으로 광고 매출을 올리는 수단이 아니다. 저마진 구조의 커머스 모델을 보완하는 고수익 사업 모델이자, 셀러와 브랜드 유치의 경쟁력인 동시에, 플랫폼 내 구매 전환율을 끌어올리는 수단이다. 플랫폼은 리테일 미디어를 통해 수익 모델을 다양화하고, 셀러와 브랜드를 효율적으로 유치하며, 고객 경험을 향상시키는 전략을 추구한다. 이를 위해 유통사는 광고 수익을 중심으로 전략적 사업을 추진해야 하는데, 그 핵심 포인트는 다음과 같다.

광고 수익은 방문자수와 밀접하게 연결되어, 방문자수에 비례하여 구조화될 수 있도록 해야 한다. 트래픽은 광고 인벤토리의 핵심 자원으로 작용한다. 그러므로 트래픽을 효율적으로 유도하고, 이를 광고 수익으로 전환하는 시스템을 설계하는 것이 중요하다. 셀러들이 적극적으로 광고에 참여할 수 있도록 상품 구성을 단순화하고 진입장벽을 낮추는 전략을 취해야 한다. 셀러가 광고를 집행하기 쉽게 만들면, 전체 광고 집행 규모가 확대되며 플랫폼은 다양한 상품과 광고주를 확보할 수 있을 것이다. 셀러 유치는 광고 수익을 확대시키고, 플랫폼 성장에 중요하게 기여한다. 광고주가 지속적으로 예산을 운영하도록 유도하려면, 성과 기반의 리포트 체계를 강화해야 한다. 실시간 성과 분석을 제공하고, ROAS 등을 중심으로 광고 성과를 정확하게 측정할 수 있도록 한다. 이를 통해 광고주는 효율적으로 예산을 배분하고, 플랫폼은 지속 가능한 광고 수익을 창출할 수 있다.

과도한 광고 노출은 플랫폼의 신뢰도를 해칠 수 있다. 그러므로 효과적인 광고 노출을 제공하면서도, 고객 경험을 침해하지 않도록 균형을 맞추는 전략이 필요하다. 고객 경험을 해치지 않는 자연스러운 광고 노출과 과도한 광고 노출의 절제가 중요하다. 플랫폼 신뢰도가 떨어지면 광고 효과가 감소하고, 사용자 이탈을 초래할 수 있다.

리테일 미디어는 수익 구조 전환+셀러 경험 강화+광고 생태계 확보를 동시에 추구해야 하는 전략적 사업이다. 광고를 플랫폼의 핵심 수익 모델로 자리매김하려면, 효율적인 광고 집행을 통해 셀러와 브랜드 유치를 이끌어내고, 고객 경험을 최우선으로 고려해야 한다. 리테일 미디어는 플랫폼의 경쟁력을 강화하고 지속 가능한 수익원을 창출하는 중요한 무기로 자리 잡을 것이다.

한편, 브랜드 입장에서 리테일 미디어는 기존의 광고 매체와는 차원이 다른 성과 중심의 플랫폼이다. 리테일 미디어는 고객의 구매 가능성이 가장 높은 지점에서, 즉 고객이 상품을 실제로 구매하려는 순간에 직접 상품을 노출하고 구매 전환을 유도할 수 있는 가장 가까운 광고 채널이기 때문이다. 이는 브랜드가 구매 전환을 목표로 효율적인 광고 전략을 실행하는 데 있어 중요한 도전 과제와 기회를 동시에 제공하므로, 브랜드는 전환 퍼널을 기준으로 광고 전략을 설계해야 한다. 브랜드 인지도형 광고와 전환형 광고를 구분하여, 각각의 목표에 맞는 광고를 운영해야 한다. 브랜드 인지도형 광고는 고객의 인지도를 높이는 데 초점을 맞추고, 전환형 광고는 고객이 실제로 구매를 결정하게 만드는 데 집중한다. 이렇게 나누면, 광고 예산을 효율적으로 분배하고 성과를 명확하게 추적할 수 있다.

각 플랫폼의 추천 시스템과 검색 구조에 맞게 콘텐츠를 제작하는 것은 매우 중요하다. 네이버나 쿠팡과 같은 플랫폼은 추천 알고리즘에 기반하여 광고를 노출하기 때문에, 브랜드는 플랫폼에 맞는 콘텐츠를 제작해야 한다. 예를 들어, 검색 광고는 검색 이력에 기반한 타깃팅이 효과적이고, 추천 광고는 고객의 관심사를 바탕으로 적합한 상품을 자동으로 추천하는 방식이다. 각 플랫폼에 맞는 전략적인 콘텐츠 제작은 광고 성과를 최적화하는 데 필수적이다.

리테일 미디어는 데이터 기반으로 고객을 세분화하고, 각 세그먼트에 맞춘 타깃 캠페인을 설계할 수 있다. 예를 들어, 장바구니 이탈자, 재구매 가능자 등 특정 고객을 대상으로 한 맞춤형 캠페인을 설계하면, 효율적인 광고가 가능하다. 장바구니 이탈자에게는 재촉 광고를 제공하고, 재구매 가능자에게는 재구매 유도 광고를 노출시키는 식이다. 이러한 데이터 기반 타깃팅은 구매 전환율을 극대화하는 데 중요한 역할을 한다.

브랜드는 리테일 미디어를 브랜드 전체 캠페인 전략에 연동시켜야 한다. 리테일 미디어는 디지털 광고의 일환으로 브랜드 캠페인의 핵심 요소가 되어야 하며, 다른 광고 채널과 통합되어야 한다. 예를 들어, TV 광고와 리테일 미디어 광고를 연계하여 브랜드 메시지와 전환 목표를 일관되게 전달해야 한다. 이 방식은 광고 효과를 최적화하고, 전체 캠페인의 성과를 극대화하는 데 중요한 역할을 한다. 그러므로 '노출'을 사는 것이 아니라, 고객과의 구매 순간을 설계하는 것이다.

또한 새로운 고객과 재구매 고객을 분리하여 캠페인을 운영할 수도 있다. 예를 들어, 신규 유입 고객에게는 브랜드 인지도형 광고를 통해 첫 구매를 유도하고, 재구매 고객에게는 로열티 강화를 위한 캠페인을 진행하는 방식이다. 이렇게 캠페인을 운영하면, 각 고객의 특성에 맞는 맞춤형 광고를 제공할 수 있고, 광고 성과를 높일 수 있다.

광고주는 캠페인의 지속 가능성을 검증해야 한다. 이를 위해 LTV(Lifetime Value, 생애 가치)와 전환 이후 이탈률 등을 모니터링해서 지속 가능한 구매 전환 전략을 수립한다. 예를 들어, 첫 구매 후 재구매 가능성이나 고객 충성도 등을 분석하면 장기적인 광고 전략을 세울 수 있다. 단기적인 성과만을 추구하는 것이 아니라, 지속적으로 구매 전환을 유도하고 생애 가치를 높이는 방향으로 광고 캠페인을 설계해야 한다. 광고주는 리테일 미디어를 통해 단기적인 프로모션뿐 아니라, 지속 가능한 고객 전환 전략을 수립할 수 있어야 한다. 지속적인 성과를 올리기 위해서는 리테일 미디어의 정확한 데이터와 성과 추적 기능을 적극적으로 활용하는 것이 중요하다.

리테일 미디어는 디지털 미디어 시대의 중심축이다
* 이미지 출처: 바이라인네트워크

역할은 다르지만, 방향은 같다

플랫폼은 광고를 통해 수익을 극대화하려 한다. 브랜드는 구매 가능성이 높은 타깃 고객을 정밀하게 찾아내길 원하고, 광고주는 예측 가능한 수익률을 바탕으로 안정적으로 투자하길 원한다. 각각의 이해관계자는 서로 다른 동기를 지니고 있지만, 결국 그들이 도달하고자 하는 목표 지점은 하나다. "누구에게, 언제, 어떤 메시지를 보여줘야 구매 전환이 일어나는가?"라는 질문에 대한 해답이 그것이다.

이 복잡한 퍼즐을 하나의 프레임 안에 정렬할 수 있도록 만든 구조가 바로 리테일 미디어다. 리테일 미디어는 광고 공간의 판매를 넘어, 디지털 상거래 환경 내에서 이뤄지는 고객의 모든 행동 데이터를 수집, 분석해서 구매로 전환하는 시스템이다. 고객이 검색하고, 탐색하고, 클릭하고, 구매하는 모든 흐름이 데이터 기반 광고 자산이 되는 구조인 것이다. 여기서 중요한 점은, 이 구조가 기술적으로 가능한지가 아니라 전략적으로 통합되어 있는지다.

그런데 브랜드가 리테일 미디어를 도입할 때 흔히 착각하는 것이 있다. 광고 시스템을 갖추면 효과가 자동으로 따라올 것이라고 기대하는 것이다. 그러나 리테일 미디어의 성패는 기술이나 기능이 아니라, 플랫폼-브랜드-광고주의 목적이 얼마나 정렬되어 있는가에 달려 있다. 플랫폼은 광고 수익과 고객 경험이라는 두 마리 토끼를 동시에 잡아야 하고, 브랜드는 소비자의 맥락 안에 자사 상품을 자연스럽게 녹여야 하며, 광고주는 최소의 비용으로 최대의 구매 전환율을 노린다. 이 셋이 하나의 시스템에서 움직이지 않는다면, 광고는 단순한 노출일 뿐이고, 전략은 실행되지 못한 채 표류할 것이다. 그래서 리테일 미디어는 기술보다 구조, 상품보다 전략, 성과보다 지속 가능성이 중요한 영역이다.

기술은 이를 가능케 하는 도구에 불과하다. 아무리 정교한 머신러닝 알고리즘이라도, 플랫폼 내부의 고객 여정에 전략적으로 결합되지 않으면 마케팅은 반쪽짜리가 된다. 상품이 아무리 훌륭해도 브랜드와 플랫폼이 고객에게 제공하는 경험의 흐름이 끊겨 있으면, 구매 전환은 일어나지 않는다. 단기적인 광고 성과가 높아도, 브랜드와 고객 간의 관계가 지속되지 않는다면 그 성공은 일회성 이벤트에 불과하다.

리테일 미디어의 본질은, 각 주체의 목적을 수렴시켜 하나의 예측 가능한 구조로 통합하는 것이다. 그 안에서는 데이터를 중심으로 광고가 자동화되고, 고객 여정에 따라 메시지가 설계되며, 실제 구매 행동으로 전환되는 시점까지 실시간으로 추적된다. 이 구조가 정교하게 작동할 때, 광고는 콘텐츠가 되고, 상품은 경험이 되며, 성과는 시스템이 된다. 리테일 미디어는 유통의 주변 기능이 아니라, 비즈니스 전략의 중심축이다. 이제는 광고를 할 것인지를 물을 게 아니라, 어떻게 우리의 구조를 리테일 미디어에 맞게 설계할 것인지 고민해야 한다.

플랫폼, 브랜드, 광고주는 각자의 역할은 다르지만, 결국 모두가 향하는 방향은 같다. 그 방향성을 가장 효율적으로 설계하고 연결해주는 것이 바로 리테일 미디어다. 이것이 광고가 아닌 구조로서의 리테일 미디어가 필요한 이유다.

에필로그

왜 지금 리테일 미디어를 이야기하는가

나는 리테일 미디어를 새로운 광고 트렌드로만 보지 않는다. 하나의 산업이 진화하는 방식이자, 유통과 미디어, 기술과 데이터, 브랜드와 소비자의 모든 접점이 다시 재편되는 근본적인 변화라고 믿는다. 그리고 이 책을 쓰고 있는 지금까지도 그 믿음은 변함없다.

SSG.COM에서 리테일 미디어 전략을 고민하고 기획했을 때, 나는 이 변화의 흐름을 현장에서 마주했다. 처음에는 광고 슬롯을 늘리고 상품 검색과 배너를 효율적으로 연결하는 수준이였지만, 시간이 지날수록 이 모델이 가진 잠재력은 예상보다 훨씬 크고 깊다는 것을 깨달았다. 고객의 행동은 데이터로 기록되었고, 데이터는 타깃팅을 정교하게 만들었으며, 기술은 구매로 더욱 빠르게 전환시켰다. 광고와 구매가 이토록 가까운 거리에서 실시간으로 연결되는 구조는 내가 경험해온 어떤 광고 모델보다도 강력하고 설득력 있었다.

그 시절, 나는 광고주의 입장과 유통 플랫폼의 입장을 동시에 들여다보는 역할이었고, 그 과정에서 리테일 미디어가 왜 중요한지 체감했다. 광고주는 효율을 원했고, 유통사는 수익 다변화를 고민했다. 이 두 가지 요구를 동시에 충족시키는 유일한 해법이 리테일 미디어였다는 사실은 더 이상 이론이 아니다. 현장에서 숫자가, 지표가, 반응이 그것을 증명하고 있다. 이 책을 쓰면서 나는 다시 고민의 흔적을 꺼내 보았고, 회의실 화이트보드에 썼던 흐름도와 데이터 모델링, 경쟁사 벤치마크 자료를 들여다보았다. 리테일 미디어는 그저 '채널'이 아니라 플랫폼 비즈니스의 구조를 바꾸는 전략적 수단이자, 유통과 미디어를 통합하는 진화의 접점이었다.

나는 리테일 미디어를 믿는다. 그 믿음은 막연한 확신이 아니라, 실무와 고민, 설계와 실험, 실패와 피드백을 통해 얻은 결과다. 숫자가 증명했고, 시장이 움직였고, 광고주와 브랜드의 관심이 그것을 따랐다. 그리고 이제는 그것을 책으로 정리해야 할 시점이 되었다고 느꼈다.

이 책을 덮으며, 마지막으로 스스로에게 한 가지 질문을 던져보기를 바란다. "우리는 지금 어디에 광고하고 있는가?" 만약 그 질문에 대해 '전환을 만들 수 있는 곳', '고객과 가장 가까운 접점'이라는 답을 떠올렸다면, 리테일 미디어는 하나의 트렌드가 아닌, 새로운 전략의 출발점이 될 것이다.

미주

1. Davenport, T. H., &Beck, J. C. (2001). The Attention Economy: Understanding the New Currency of Business.
2. Amazon Ads Sponsored Products
3. McKinsey: Retail media networks are booming. Are you capturing their full value?
4. Statista: Amazon Ad Revenue 2022
5. McKinsey & Company, "Retail media networks are booming. Are you capturing their full value?", 2023
6. Relewise, "How retail media integrates into the customer journey", Relewise Insights, 2023.
7. Alibaba Group, FY2022 Annual Report
8. 과학기술부, Bain analysis
9. 리테일 미디어 비중 '20년 30%→'25년 40% 성장 가정
10. 신세계그룹 뉴스룸, "SSG닷컴 쓱배송 봉투, 광고 매체로 변신한다", 2023.
11. SSG.COM 광고 센터, "AI 추천 광고 소개", https://adhome.ssgadm.com/adinfo/cpcPlusAdInfo.ssg
12. 동아일보, "내 취향 알아주는 AI, 쓱닷컴이 골라주는 더 쉽고 편리한 쇼핑", 2024년 10월 14일.
13. 쿠팡 광고 센터, "쿠팡 광고 소개", 2024. https://ads.coupang.com/start/intro
14. 쿠팡, "2024년 4분기 실적 발표", 쿠팡 투자자 관계 페이지, 2025년 2월 26일. https://ir.aboutcoupang.com/English/news-and-

events/news/news-details/2025/Coupang-Announces-Results-for-Fourth-Quarter-2024-51017a495/default.aspx

15. Business Korea, "Naver Plus Store App Set to Launch, Offering AI-powered Hyper-Personalized Shopping Experience", 2025.3.15. https://www.businesskorea.co.kr/news/articleView.html?idxno=236214

16. Epsilon, "Lotte Retail Group accelerates RMN business with Epsilon", Epsilon APAC Newsroom, 2024.11.2. https://www.epsilon.com/apac/about-us/pressroom/lotte-retail-group-accelerates-rmn-business

17. 네이트뉴스, "현대百, 유통 채널 광고판 된다…리테일 미디어 본격 진출", 2025년 2월 27일.
https://news.nate.com/view/20250227n3163

18. Cookiebot, "No more cookies? Google ending third-party cookies in Chrome", 2024. 11. 28
https://www.cookiebot.com/en/google-third-party-cookies/

19. 디지털투데이, 구글, 크롬 서드파티 쿠키 차단 계획 철회…광고·개발자 반발에 후퇴, 2025년 4월 23일.
https://www.digitaltoday.co.kr/news/articleView.html?idxno=562969

20. eMarketer, "Traffic Is the Most Important Attribute of Retail Media Networks, Brands Say", 2023. https://www.emarketer.com/content/traffic-most-important-attribute-retail-media-networks